Internationale Akademie, INA gemeinnützige Gesellschaft für innovative Pädagogik,
Psychologie und Ökonomie mbH an der Freien Universität Berlin

Handreichungen für die Praxis
zum Bildungsprogramm für saarländische Kindergärten

Leitung:
Dr. Christa Preissing

Texte:
Dr. Annette Dreier
Dr. Ute Großmann
Annette Hautumm
Dr. Elke Heller
Grit Herrnberger
Christine Karkow
Dr. Gerlinde Lill
Carola Pinnow
Dr. Christa Preissing
Dr. Roger Prott
Regine Schallenberg-Diekmann
Petra Wagner

Endredaktion:
Dr. Christa Preissing

ISBN 978-3-937785-59-2

Alle Rechte vorbehalten
© 2016 verlag das netz, Weimar
Das Werk und alle seine Teile sind urheberrechtlich geschützt. Jede Verwertung außerhalb der Grenzen des Urheberrechtsgesetzes ist ohne Zustimmung des Verlages nicht zulässig und strafbar. Das gilt insbesondere für Vervielfältigungen, Übersetzungen, Mikroverfilmungen und die Einspeicherung und Verarbeitung in elektronischen Systemen.

Gestaltung: Jens Klennert, Tania Miguez
Titelbild: Michael Zimmer, zimmer design, Saarbrücken
Fotos: S, 12, 164 Udo Lange, Pädagogische Ideenwerkstatt Bagage;
S. 20 Torsten Krey-Gerve; S. 26, 178 Wolfgang Huppertz; S. 44, 60, 110, 126 Elisabeth Niggemeyer; S. 76 Dagmar Arzenbacher, aus: »Das Kohlheft«, verlag das netz;
S. 94 Petra Kathke; S. 142 Jochen Fiebig; S. 156 Gisela Hermann; S. 173 Volker Döring

Druck und Bindung: Förster & Borries GmbH & Co. KG, Zwickau
Printed in Germany

Weitere Informationen finden Sie unter www.verlagdasnetz.de

Internationale Akademie, INA gemeinnützige Gesellschaft für innovative
Pädagogik, Psychologie und Ökonomie mbH an der Freien Universität Berlin

Handreichungen für die Praxis

zum Bildungsprogramm für saarländische Kindergärten

verlag das netz
Weimar · Berlin

Inhalt

	Vorwort der Autorengruppe	8
	Einleitung	10
	Grafik zur Struktur des Bildungsprogramms	12
1.	Zum Bildungsverständnis	15
	Bildung ist ein aktiver, sozialer und sinnlicher Prozess	18
	Bildung ist ein kultureller Prozess	20
2.	Ziele: Kompetenzen im Bildungsverlauf	23
	Ich-Kompetenzen	25
	Sozial-Kompetenzen	26
	Sach-Kompetenzen	26
	Lern-Kompetenzen	27
3.	Aufgaben der Erzieherinnen	29
	Gestaltung des alltäglichen Lebens	31
	Spiel	33
	Planung und Gestaltung von Projekten	34
	Anregungsreiche Räume	36
	Beobachten und Dokumentieren	37
4.	Die Bildungsbereiche	43
	Grafik zur Struktur der Bildungsbereiche	44
	Körper, Bewegung, Gesundheit	47
	Soziale und kulturelle Umwelt, Werteerziehung und religiöse Bildung	63
	Sprache und Schrift	79
	Bildnerisches Gestalten	97
	Musik	113
	Mathematische Grunderfahrungen	129
	Naturwissenschaftliche und technische Grunderfahrungen	145
5.	Zusammenarbeit mit Eltern	159
	Der Übergang von der Familie in den Kindergarten	161
	Entwicklungsgespräche als regelmäßiger Austausch	162

6.	Übergang in die Grundschule	167
	Der Übergang vom Kindergarten- zum Grundschulkind	168
	Übergang im familiären Kontext	170
	Kontinuität und Brüche	171
	Schulfähigkeit und kindgerechte Schule	172
	Aufgaben der Erzieherinnen	172
7.	Demokratische Teilhabe – Anforderungen für die Zusammenarbeit und Kommunikation im Kindergarten	175
	Anforderungen an Erzieherinnen	177
	Anforderungen an die Zusammenarbeit im Team	177
	Anforderungen an die Leitung	178
	Anforderungen an den Träger	178
8.	Zusammenarbeit mit den Arbeitsstellen für Integrationspädagogik	181
	Wohnortnähe	182
	Ganzheitlichkeit	182
	Integrierte Therapien	182
	Freiwilligkeit	183
	Literatur	184

Vorwort der Autorengruppe

Das Bildungsprogramm für saarländische Kindergärten bietet einen fachlichen Orientierungsrahmen für die pädagogische Arbeit mit Kindern in Kindergärten und Kindertagesstätten. Es knüpft an die bisher geltenden »Rahmenrichtlinien für die vorschulische Erziehung im Saarland« an. Damit wird gesichertes Wissen und bewährte Praxis beibehalten.

Neue Erkenntnisse aus der Bildungsforschung und der Neurobiologie betonen die Bedeutung der Bildungsprozesse in der frühen Kindheit für den gesamten weiteren Bildungsweg. Sie zeigen deutlich, worauf es ankommt, damit alle Kinder, gleich welcher Herkunft, gute Startchancen für ihr weiteres Leben erhalten.

Das Bildungsprogramm für saarländische Kindergärten trägt diesen neuen Erkenntnissen Rechnung und übersetzt sie in klar strukturierte Bildungsbereiche mit konkret formulierten Zielen und praktischen Aufgaben für Erzieherinnen und Erzieher.

Die Diskussion um Bildung in der frühen Kindheit hat auch durch internationale Vergleiche und verstärkte internationale Zusammenarbeit neuen Schwung bekommen. Das Bildungsprogramm für saarländische Kindergärten nimmt diese Impulse auf. Vor allem Erkenntnisse und Erfahrungen aus Schweden, England, Frankreich, USA, Australien und Neuseeland sind berücksichtigt.

Das Saarland beteiligt sich seit 2000 an der Nationalen Qualitätsinitiative im System der Tageseinrichtungen für Kinder. Saarländische Kindergärten und ihre Träger waren an der Definition von Qualität auf nationaler Ebene aktiv beteiligt. Das Bildungsprogramm für saarländische Kindergärten nimmt diese Qualitätsbestimmungen auf. Es weist viele Gemeinsamkeiten zu den parallel erarbeiteten Bildungsplänen und Programmen der anderen Bundesländer auf und setzt eigene Akzente.

Das Bildungsprogramm für saarländische Kindergärten gibt klare Orientierung für alle Kindergärten und für alle Träger. Gleichzeitig lässt es ausreichend Spielraum, damit die konkreten Gegebenheiten vor Ort und die weltanschaulichen und religiösen Orientierungen eines Trägers Platz haben. Deshalb kann das Bildungsprogramm die Konzeption eines Kindergartens und die Konzeption eines Trägers nicht ersetzen. Es formuliert allerdings Maßstäbe für deren Konzeptentwicklung.

Das Bildungsprogramm für saarländische Kindergärten benutzt den Begriff Kindergarten als Sammelbegriff für alle Tageseinrichtungen für Kinder. Das Programm bezieht sich auf die Arbeit mit Kindern aller in den Tageseinrichtungen vertretenen Altersgruppen.

In Tageseinrichtungen für Kinder arbeiten ganz überwiegend weibliche Fachkräfte. Im Bildungsprogramm für saarländische Kindergärten steht deshalb die Berufsbezeichnung Erzieherin stellvertretend für alle in diesem Beruf tätigen Personen, gleich welchen Geschlechts.

Die Autorengruppe, die für das Programm verantwortlich zeichnet, hat 2003/2004 im Auftrag der Senatsverwaltung für Bildung, Jugend und Sport, Berlin auch das Berliner Bildungsprogramm erarbeitet. Allgemeine Grundlagen, Struktur und Aufbau beider Programme sind deshalb ähnlich.

Das Bildungsprogramm für saarländische Kindergärten setzt klare, eigene Schwerpunkte. Landesspezifische Voraussetzungen und Traditionen sowie aktuelle Entwicklungen im Saarland machen seine Besonderheit aus. Die gelebte Nähe zu Frankreich, Luxemburg und eine durchgehend europäische Orientierung sind spezifisch für das Bildungsprogramm für saarländische Kindergärten. Sie eröffnen Kindern im Saarland besondere Bildungsmöglichkeiten, die in anderen Bundesländern so nicht gegeben und für ihre Zukunft in einer immer stärker auf Europa gerichteten Lebenswelt von hohem Wert sind.

Das Bildungsprogramm für saarländische Kindergärten besteht aus zwei Teilen: Die kurze programmatische Fassung enthält die grundsätzlichen Aussagen und Ziele. Sie ist für die Öffentlichkeit und insbesondere auch für Eltern gedacht. Die hiermit vorgelegte ausführliche Handreichung gibt Erzieherinnen und Eltern konkrete Anregungen für die praktische Umsetzung.

Die Erarbeitung des Bildungsprogrammes für saarländische Kindergärten durch die Autorengruppe wurde von einem saarländischen Beirat ständig begleitet. Diesem Beirat gehören Vertreter aller Trägerverbände, der Eltern, des Landesjugendamtes und des Ministeriums für Bildung, Kultur und Wissenschaft an.

Die Zusammenarbeit mit dem Beirat gewährleistet, dass das Bildungsprogramm für saarländische Kindergärten in die landesspezifischen Entwicklungen passt.

Die Autorengruppe dankt dem Beirat für die konstruktive Zusammenarbeit.

Für die Autorengruppe
Dr. Christa Preissing
Internationale Akademie an der FU Berlin

Einleitung

Kindergärten sind Orte für Kinder, an denen Jungen und Mädchen – angeregt und begleitet durch Erzieherinnen – ihrem Forscherdrang nachkommen können, an denen sie Herausforderungen und Erfolge erleben, wo sie Verantwortung übernehmen und vielseitig tätig sein können. Das Leben im Kindergarten bietet den Kindern vielfältige Gelegenheiten: Gerade im Zusammenfallen von lebenspraktischen Tätigkeiten und Lernerfahrungen liegen die Vorzüge der Bildung und Erziehung in Kindergärten. Die Erlebnisse und Erfahrungen der Kinder bestimmen die Systematik der Anregungen für die Unterstützung der Bildungsprozesse. Bildung ist so mehr als das Ansammeln von Wissen, und das Einüben von Fähigkeiten und Fertigkeiten. Bildung ist Selbstbildung in dem Sinne, dass Kinder ihr Selbst als soziales Wesen herausbilden und ihre Persönlichkeit im Austausch mit anderen Kindern und Erwachsenen entwickeln (Kapitel 1: Zum Bildungsverständnis).

Bildung ist immer auch gezielte Anregung durch Erzieherinnen, Eltern und andere Erwachsene. Die Ziele sind in diesen Empfehlungen unterteilt in Ich-Kompetenzen, Sozial-Kompetenzen, Sach-Kompetenzen und Lern-Kompetenzen und entsprechen damit einem ganzheitlichen Bildungsverständnis, das in Deutschland seit Humboldt, Fröbel und Pestalozzi Tradition hat und durch die internationale OECD-Studie »Starting Strong« besonders hervorgehoben wird[1] (Kapitel 2: Ziele).

Die Aufgaben der Erzieherinnen für die gezielte Anregung der kindlichen Bildungsprozesse durchziehen den gesamten Ablauf des Zusammenlebens und Lernens im Kindergarten. Die Verknüpfung von alltäglich wiederkehrenden Prozessen mit Spielen und Lernen, mit Projektarbeit und Raumgestaltung eröffnet allen Kindern vielfältige Zugänge zu Bildungsinhalten, die für das gegenwärtige und zukünftige Leben der Kinder wichtig sind. (Kapitel 3: Aufgaben der Erzieherinnen).

Jedes Kind hat ein Recht darauf, im Verlauf seines Kindergarten-Lebens mit Inhalten vertraut zu werden, die es in die Lage versetzen, sein gegenwärtiges und künftiges Leben aktiv, selbstbestimmt und solidarisch mit anderen zu gestalten. Die Bildungsempfehlungen geben eine Orientierung, welche Inhalte zum Repertoire zeitgemäßer Kindergarten-Pädagogik gehören. (Kapitel 4: Die Bildungsbereiche).

Die Grundlage dafür, dass ein Kind die Bildungsmöglichkeiten des Kindergartens nutzen kann, wird in der Eingewöhnungszeit in Abstimmung mit den Eltern geschaffen. Gelingende Bildungsprozesse setzen voraus, dass die Erzieherinnen jedem Kind und seinen Eltern mit Wertschätzung begegnen. Dies ist Voraussetzung für eine vertrauensvolle Zusammenarbeit (Kapitel 5: Zusammenarbeit mit Eltern).

Das Bildungsverständnis von Kindergärten und Grundschulen war lange Zeit von gegenseitiger Abgrenzung bestimmt. Die Bildungsempfehlungen legen Wert auf mehr Begegnung zwischen Erzieherinnen und Lehrerinnen. Im Interesse stimmiger Bildungsverläufe der Kinder treten

---

1 OECD (Hrsg.): Starting Strong – Länderbericht Deutschland. Bonn 2004

Gemeinsamkeiten in den Vordergrund und Unterschiede werden zu Gesprächsanlässen zwischen Kindern, Eltern, Erzieherinnen und Lehrerinnen. (Kapitel 6: Übergang in die Grundschule)

Der Kindergarten als öffentliche Institution ist Ausschnitt und Spiegel unserer Gesellschaft. Hier erfahren und begreifen Kinder, wer und was »zählt«. Die Erwachsenen leben vor, welche Wertvorstellungen und Regeln das Zusammenleben – politisches Leben – ohne Gewalt und Ausgrenzung gelingen lassen. (Kapitel 7: Demokratische Teilhabe).

Diese Bildungsempfehlungen sind Ergebnis eines Prozesses. Kindergärten im Saarland (und anderen Teilen der Bundesrepublik) begreifen sich seit langem als Bildungsorte und Erzieherinnen[2] arbeiten mit hohem Engagement und oft erfolgreich daran, Kindern die bestmöglichen Bildungschancen zu geben. Die Bildungsempfehlungen geben eine systematische und zusammenfassende Darstellung dieser Praxisentwicklung und verbinden sie mit aktuellen wissenschaftlichen Erkenntnissen. Erzieherinnen werden sich mit ihrer Praxis und deren Reflexion an vielen Stellen wieder finden. Die Empfehlungen bauen also auf existierender Praxis auf. Sie sind gedacht als ein Handwerkszeug, das zur systematischen Weiterentwicklung der bereits erreichten Qualität beiträgt.

---

2   Nach wie vor arbeiten in Kindergärten ganz überwiegend Frauen. Wir benutzen deshalb in diesem Text der Einfachheit halber durchgängig die Berufsbezeichnung Erzieherinnen. Die in Kindergärten arbeitenden Erzieher sind selbstverständlich ebenso gemeint.

Bildungsverständnis

Ziele
- Ich-Kompetenzen
- Sach-Kompetenzen
- Sozial-Kompetenzen
- Lern-Kompetenzen

Bildungsverständnis

Bedeutsamkeit für das Kind
- Das Kind in seiner Welt
- Das Kind in der Kindergemeinschaft
- Welterleben und Welterkunden

Die Bildungsbereiche

Körper, Bewegung und Gesundheit

Soziales und kulturelles Leben

Kommunikation: Sprachen, Schriftkultur und Medien

Bildnerisches Gestalten

Musik

Mathematische Grunderfahrungen

Naturwissenschaftliche und technische Grunderfahrungen

Bildungsverständnis

Aufgaben der Erzieherin
- Gestaltung des Alltags
- Spielanregungen, Spielmaterial
- Projekte
- Raum- und Materialangebot

Zusammenarbeit mit den Eltern

Übergang in die Grundschule

Demokratische Teilhabe
Kommunikation
Partizipation

Beobachten und Dokumentieren

Zum Bildungsverständnis

Bildung, Erziehung und Betreuung in Krippen, Kindergärten, Horten sollen dazu beitragen, dass jedes einzelne Kind gleiche Rechte und gute Chancen für eine lebenswerte Perspektive in dieser Gesellschaft hat, gleich welchem Geschlecht es angehört, gleich in welcher sozialen und ökonomischen Situation seine Eltern leben, gleich welcher ethnisch-kulturellen Gruppe es selbst und die Mitglieder seiner Familie angehören. Unabhängig von der Herkunft soll jedes Kind, die Chance haben, seine Bereitschaft, seine Fähigkeiten und seine individuellen Möglichkeiten in die Entwicklung von Gemeinschaft – von Gesellschaft – einzubringen. Das ist die Grundlage unserer demokratischen Verfassung und eines demokratischen Bildungsverständnisses.

In Anknüpfung an das Humboldt'sche Bildungsverständnis verstehen wir Bildung als die Aneignungstätigkeit, mit der sich der Mensch ein Bild von der Welt macht. Dieses Verständnis kennzeichnet Bildung als einen lebenslangen und von Irritationen und Widersprüchlichkeiten begleiteten Prozess.

Sich ein Bild von der Welt zu machen, beinhaltet:
- sich ein Bild von sich selbst in dieser Welt machen
- sich ein Bild von anderen in dieser Welt machen
- das Weltgeschehen erleben und erkunden

Bildungsprozesse sind stets an sinnstiftende Fragen gebunden: Wer bin ich? Zu wem gehöre ich? Wer sind die anderen? Was passiert um mich und um uns herum? Was war vor mir und was kommt nach mir?

Die Antworten jedes Kindes sind subjektiv, sie sind Deutungen des individuell unterschiedlichen Erlebens in der gesamten (kindlichen) Lebenswelt. Pädagogische Arbeit in Bildungsinstitutionen kann Bildung von Kindern nicht erzwingen, sondern wird immer nur begrenzten Einfluss darauf haben, wie ein Kind sich sein Bild von seiner Welt macht.[3] Pädagogen werden umso mehr an Einfluss gewinnen, je mehr sie die sinnstiftenden Fragen des Kindes aufnehmen und sich auf seine eigensinnigen und eigenwilligen Deutungen einlassen.

Die Antworten des Kindes sind zugleich intersubjektiv.[4] Sie entwickeln sich im Austausch mit anderen, im Austausch und Vergleich mit den Deutungen der anderen. Jedes Kind benötigt, damit es den eigenen Bildungsbewegungen und Erkenntnissen vertrauen kann, Vertrauen von seinen Bezugspersonen, die nachempfinden wollen, was das Kind bewegt. Das sind zum einen die Erwachsenen, zu denen es in Beziehung steht oder eine solche aufbaut, also die Eltern und anderen erwachsenen Bezugspersonen im familiären Umfeld und die Erzieherinnen im Kindergarten. Das sind zum anderen die Kinder in seiner Gemeinschaft: die Geschwister, Nachbarskinder und die Kinder im Kindergarten. Jedes Kind benötigt ein spürbares Interesse dieser Bezugspersonen an seiner Tätigkeit, seinen Empfindungen und seinen Erkenntnissen. Deshalb ist die Qualität von Beziehungen so wichtig für die Qualität der Bildung.

---

3   In der aktuellen Erziehungswissenschaft und Entwicklungspsychologie werden Bildungsprozesse deshalb als Konstruktion von Weltbildern bezeichnet.
4   Sie werden deshalb auch als soziale Ko-Konstruktionen bezeichnet.

Je jünger das Kind ist, je weniger das Kind selbst entscheiden kann, mit wem es in Beziehung treten will, umso höher ist die Verantwortung der Erwachsenen, sich selbst zu befragen, welche Beziehung und welche eigene Deutung der Welt sie dem ihnen anvertrauten Kind anbieten. Sie haben dabei die Verantwortung, zu entscheiden, mit welchen anderen Personen sie das ihnen anvertraute Kind in Beziehung bringen, damit diese das Weltbild des Kindes ergänzen und erweitern können. Das betrifft die Elternverantwortung ebenso wie die Verantwortung von Leiterinnen und Erzieherinnen im Kindergarten, die darüber entscheiden, welche Personen sie in die Bildungsprozesse einbeziehen.

Je differenzierter der intersubjektive Austausch von Deutungen wird, je vielfältiger die Perspektiven werden, die in diesen Austausch eingehen, umso größer wird die Annäherung des Kindes an ein objektives Verständnis von Welt werden können. Annäherung deshalb, weil wir nie wirklich wissen können, was »wahr« ist. Objektiv meint darum hier: Sich sicher zu sein, dass die eigene Antwort auf eine Frage – zumindest im eigenen Kulturkreis – mit anderen geteilt und überzeugend begründet werden kann und dass zur Begründung nachvollziehbare Argumente zur Verfügung stehen, die in einen Diskurs eingebracht werden können.

Bildung ist immer auch bewusste Anregung der kindlichen Aneignungstätigkeit durch die Erwachsenen. Bildung ist eine öffentlich verantwortete Aufgabe, die in den Bildungsinstitutionen von Pädagogen und Pädagoginnen wahrgenommen wird. Jedes Kind hat ein Recht auf diese Anregungen. Jede bewusste Anregung braucht Ziele. Sie bezeichnen die Richtung, in der ein Kind bei der Ausschöpfung seiner individuellen Möglichkeiten unterstützt werden soll. Die Ziele gründen auf ethisch-normativen Überzeugungen innerhalb der Gesellschaft und auf Entscheidungen über die Kompetenzen, die ein Kind benötigt, um in der Welt, in der es aufwächst, bestehen zu können und handlungsfähig zu bleiben bzw. zu werden.

Die im Bildungsprogramm vollzogene Unterscheidung zwischen der subjektiven Bedeutsamkeit von Bildungsinhalten für das einzelne Kind auf den drei Ebenen
- das Bild von sich selbst – das Kind in seiner Welt
- das Bild von den anderen – das Kind in der Kindergemeinschaft
- das Bild von der Welt – Weltgeschehen erleben, Welt erkunden

bezeichnet auch eine Unterscheidung von Schwerpunkten entlang entwicklungspsychologischer Prozesse. Je jünger die Kinder sind, umso enger kreisen ihre Fragen um sich selbst und die mit ihnen unmittelbar verbundenen erwachsenen Bezugspersonen. Im Krippenalter wird es vor allem darum gehen, Beziehungssicherheit, Bindung, zu gewährleisten und die subjektiven, sehr eigenwilligen Ausdrucksweisen des Kindes zur Entwicklung seines Selbstbildes herauszufordern und zu stärken.

Je älter die Kinder werden, desto bedeutungsvoller werden ihre Beziehungen zu anderen Personen, vor allem zu andern Kindern. Im Kindergartenalter werden die Beziehungen in der Kindergemeinschaft zu einem wesentlichen Motor der Entwicklung des Weltbildes. Die Beziehung zu Eltern und Erzieherin bleibt ungebrochen wichtig – das Erleben von Gemeinsamkeit und Differenz in der Beziehung zu etwa Gleichaltrigen gewinnt daneben rasant an Bedeutung. Hier wird es individuelle Unterschiede geben: Es wird das dreijährige Mädchen geben, das sich überwiegend auf die anderen Kinder der Gruppe orientiert, und es wird den fünfjährigen Jungen geben, der in nahezu allen seiner Aktivitäten die Nähe zu »seiner« Erzieherin sucht. Es kann auch umgekehrt sein. Das deutet an, wie wichtig die genaue Beobachtung des einzelnen Kindes in der Kindergemeinschaft ist. Es kann sein, dass der eben zitierte Junge von anderen Kindern wenig akzeptiert, vielleicht gehänselt wird. Was heißt das für sein Selbstbild und was heißt das für sein Bild von den anderen? Die beiden Fragen sind nicht zu trennen.

Im Kindergartenalter sind deshalb die in den Bildungsbereichen beschriebenen Anregungen zu »Das Kind in der Kindergemeinschaft« vorrangig. Dabei ist wichtig: Die vorangegangene Dimension »Das Kind in seiner Welt« sollte darin aufgehoben sein und kann und soll im Kindergartenalter weiterhin thematisiert werden. Das gilt insbesondere für Kindergartenkinder, die vorher keine Krippe besucht haben.

Die Annäherung an ein objektives Weltverständnis vollzieht sich in z.T. merk- und denkwürdigen Prozessen. Würden wir allein der traditionellen Entwicklungspsychologie (z.B. nach Piaget oder Wygotski) folgen, dann würden wir diese Stufe der Bildungsprozesse, die ja mit der Bildung von abstrakten Begriffen einhergeht, erst dem (späteren) Grundschulalter zuordnen. Kinder befassen sich jedoch auch im frühen Kindesalter auf verschiedenen Wegen mit der Komplexität von Welt, was damals nicht als relevant angesehen oder nicht erkannt wurde.[5] Zudem konfrontiert Kindheit heute Kinder mit anderen Erfahrungen als zu Zeiten der Entstehung der genannten Theorien. Die Wirklichkeit von Kindern hat sich verändert. Das wird oft beklagt und als Gefährdung von Kindheit gesehen. Das lässt sich jedoch ebenfalls als Chance sehen.

Veränderungen in den Familienstrukturen und die damit verbundenen Veränderungen von Kindheitsbedingungen, der immer frühere Zugang von Kindern zu Medien aller Art eröffnet Kindern – ob wir das wollen oder nicht – ob sie das wollen oder nicht – neue Erfahrungshorizonte und bringen neue Zumutungen. Der Kindergarten darf sich diesen Erfahrungen nicht verschließen.

Bildung ist ein aktiver, sozialer und sinnlicher Prozess der Aneignung von Welt

Bildung ist ein aktiver Prozess

Ein Kind entdeckt, erforscht und gestaltet seine Welt und die zu ihr gehörenden Dinge sowie die in ihr wirkenden natürlichen und sozialen Erscheinungen und Zusammenhänge durch eigenwillige Tätigkeit mit allen Sinnen und vom ersten Atemzug an. Ein aktives Kind bildet sich immer, es kann gar nicht anders. Kinder können nicht gebildet werden – sie machen sich selbst ihr Bild von ihrer Welt und sie tun dies aus eigenem Antrieb. Kinder wollen lernen und sie wollen in dieser Welt etwas Bedeutsames leisten.

---

5   Vgl. hierzu: Laewen/Andres (Hrsg.): Bildung und Erziehung in früher Kindheit. Weinheim, Berlin, Basel 2002 // dies.: Forscher, Künstler, Konstrukteure. Neuwied, Kriftel, Berlin 2002

■ Bildung ist soziale Praxis

Kinder beziehen sich in ihrer Tätigkeit immer auf andere Personen, auf einen Interaktionspartner. Ihre Bewegungen, ihre Äußerungen erzeugen und benötigen eine Resonanz von den mit ihnen lebenden Personen. Nehmen die Antworten des Interaktionspartners die Bewegungen und Äußerungen des Kindes auf und an, ermutigen sie das Kind zu weiteren und differenzierteren Tätigkeiten. Wehren sie die Äußerungen des Kindes ab, blockieren sie das Kind in seinen Bildungsbewegungen. Die Folge kann sein, dass das Kind stehen oder sitzen bleibt.

■ Bildung ist sinnliche Erkenntnistätigkeit

Die Hirnforschung belegt die pädagogische Erfahrung, dass Kinder dann erfolgreich lernen, wenn sie möglichst vielfältige Sinneswahrnehmungen für die Aufnahme und Verarbeitung von komplexen Eindrücken einsetzen können. In den ersten vier bis sechs Lebensjahren differenzieren sich die sensorischen, visuellen und akustischen Wahrnehmungen besonders nachhaltig. Über Bewegung, Tasten und Fühlen, Riechen und Schmecken, Sehen und Hören gewonnene Eindrücke und Erkundungen führen zu bleibenden Verknüpfungen (Synapsen) zwischen Nervenzellen im Gehirn. Diese bilden die so genannten kognitiven Landkarten, in die spätere Erfahrungen eingeordnet werden. Einem Kind als Interaktionspartner z.B. fast ausschließlich sprachlich vermittelte Impulse und Erklärungen anzubieten oder ihm fast ausschließlich mimische Rückmeldung zu geben, beeinträchtigt seine Möglichkeit, seine individuellen kognitiven Landkarten mit viel Platz für spätere Eintragungen auszubilden.[6]

■ Bildung ist lebenslanges Lernen

»Kinder lernen nur das, was sie wollen, nicht das was sie sollen«, damit drückt der Neurophysiologe Wolf Singer aus, wie wichtig es ist, dass ein Mädchen, ein Junge aus sich heraus etwas wissen, können und erfahren will. Jeder, der mit einem Kind zusammenlebt, kann die Erfahrung machen, wie glücklich und stolz es ist, wenn es aus eigener Kraft etwas herausgefunden hat, etwas kann, das für es selbst von hoher Bedeutung ist. Und jeder kann mitempfinden, wie sehr dieses Gefühl antreibt und die Anstrengung herausfordert, mehr erfahren, wissen und können zu wollen. Kinder zu ermutigen, durch eigene Anstrengung etwas herauszufinden, fördert ihre Fähigkeit und ihre Bereitschaft zu lebenslangem Lernen. Ihnen durch falsch verstandene Fürsorglichkeit bei allem zu helfen, ihnen alles zu erklären und jede Hürde aus dem Weg zu räumen, stoppt ihren Lernwillen und ihre Lernfähigkeit.

---

6 Die Hirnforschung kritisiert in diesem Zusammenhang ausdrücklich die Überbetonung von Unterrichtsangeboten, die auf abstrahierende und sprach-logische Begriffsbildung abzielen.

Bildung ist ein kultureller Prozess: Gleichheit und Unterschiede

Gleichheit und geschlechtlich-kulturelle Unterschiede

Kinder wachsen als Mädchen oder Junge auf. Sie alle sind Kinder und sie unterscheiden sich in ihrer Geschlechtszugehörigkeit. Was ein Mädchen ist, was ein Junge ist, wird biologisch und sozial-kulturell unterschieden. Wie ein Mädchen zur Frau wird und wie ein Junge zum Mann wird, ist in hohem Maße bestimmt von den Vorstellungen und Erwartungen, die eine Gesellschaft über die gesellschaftliche Arbeitsteilung von Frauen und Männern hat. Die erwachsenen weiblichen und männlichen Vorbilder, mit denen ein Kind in Familie, Kindergarten, Schule und Nachbarschaft lebt, haben unmittelbaren Einfluss darauf, wie ein Mädchen oder ein Junge sein Geschlecht konstruiert. Hoch wirksam sind daneben die Bilder von Männern und Frauen, die über Medien[7] transportiert werden. Das sich entwickelnde Selbstkonzept als weibliches oder männliches Mitglied dieser Gesellschaft beeinflusst, was ein Mädchen, ein Junge von dieser Welt wissen will, was sie oder er können will und was sie oder er meint, mit diesem Wissen und diesen Fähigkeiten in dieser Welt bewirken zu können.

Gleichheit und sozial-kulturelle Unterschiede

Kinder gehören zu einer Familie[8], die gemessen an einem gesellschaftlichen Durchschnitt eine eher schlechte, eine dem Durchschnitt entsprechende oder eine eher gute soziale und ökonomische Absicherung hat. Kinder bringen als Neugeborene alle eine ungefähr gleiche genetische (in ihrem Körper angelegte) Ausstattung mit[9]. Sie verfügen am Lebensbeginn alle über in etwa gleiche Bildungsmöglichkeiten[10]. Sie alle sind Kinder mit prinzipiell unendlichen Bildungsmöglichkeiten und sie können, je nachdem welche Anregungen sie in ihrer Familie und ihrem unmittelbaren Umfeld erfahren, sehr unterschiedliche Ausschnitte dieser Möglichkeiten im Aufwachsen in ihrer Familie ausschöpfen.

Gleichheit und ethnisch-kulturelle Unterschiede

Kinder leben mit einem Vater und einer Mutter, vielleicht auch nur mit der Mutter, nur mit dem Vater oder auch in enger Beziehung mit anderen erwachsenen Frauen und Männern, die in derselben Gegend aufgewachsen sind, aus einer ähnlichen oder ganz anderen Umgebung kommen, die selbst ähnliche oder ganz andere Kindheitserfahrungen gemacht haben. Sie gehören zu einer Mutter und/oder einem Vater, der bzw. die die gleiche Sprache spricht

---

7 Medien sind Mittler aller Art: Bücher, Erzählungen, Bilder in Büchern, auf Werbeplakaten; Filme, Spielzeug ...
8 Als Familie gilt heute jede Lebensform, in der mindestens ein erwachsener Mensch mit mindestens einem Kind zusammenlebt.
9 Von der genetischen Ausstattung her unterscheidet sich ein Kind, das heute geboren wird, nur unwesentlich von einem Kind, das zur Zeit der Neandertaler geboren wurde. (vgl. Singer, W.: Was kann ein Mensch wann lernen? In: N. Killius, J. Kluge und L. Reisch (Hrsg.): Die Zukunft der Bildung. Frankfurt 2002, S. 78-99)
10 Die Plastizität des Gehirns erlaubt, dass Funktionen mancher Hirnbereiche, die auf Grund eines genetischen oder anderen Ausfalls reduziert oder ausgeschaltet wurden, »ersetzt« werden.

wie andere Menschen in der Umgebung oder sie haben Eltern, die überwiegend eine andere als die Umgebungssprache sprechen. Manche Mädchen und Jungen wachsen in Familien auf, in denen beides gilt.

■ Gleichheit und individuelle Unterschiede

Alle Kinder sind gleich – jedes Kind ist anders. Auch die Kinder, die derselben geschlechtlichen, sozialen oder ethnisch-kulturellen Gruppe angehören, unterscheiden sich voneinander. Die Zugehörigkeit zu einer Bezugsgruppe zu beachten, ist wichtig, um damit zusammenhängende spezifische Voraussetzungen zu erkennen und zu beachten. Daneben hat jedes Kind ein Recht darauf, in seiner Einzigartigkeit wahrgenommen und geachtet zu werden. Individuelle Vorlieben und Abneigungen, besondere Begabungen und Beeinträchtigungen prägen die Bildungswege der Kinder.

Bildung in der Demokratie zielt auf Integration und wendet sich aktiv gegen Ausschließung. Kein Kind darf auf Grund seiner sozial-kulturellen Herkunft, seiner Religionszugehörigkeit, seines Aussehens oder seiner individuellen körperlichen und geistigen Voraussetzungen von dem Leben in der Gemeinschaft ausgegrenzt werden.

Geschlechtliche, soziale und ethnisch-kulturelle Unterschiede sind – das ist zuletzt durch die PISA-Studie belegt – die Hauptursachen von Leistungsunterschieden beim Abschluss der allgemein bildenden Schulen in der Bundesrepublik. Unser Bildungssystem erlaubt in seiner gegenwärtigen Qualität nicht, dass alle Mädchen und Jungen ihre Leistungsmöglichkeiten entwickeln können. Ob schon Krippen und Kindergärten daran Anteil haben, ist nicht erforscht. Die inzwischen vorliegenden Ergebnisse der Internationalen Grundschul-Lese-Untersuchung (IGLU) belegen, dass in der Grundschule die Leistungen insgesamt deutlich besser sind als in den Oberschulen. Ergebnisse aus der Internationalen Kindergarten-Vergleichsstudie »Starting Strong« stehen für Deutschland noch aus.

Gleichwohl verweisen die Ergebnisse der Schulforschung auf die Verantwortung, dass alle Kinder, gleich welchen Geschlechts und gleich welcher Herkunft, in allen öffentlichen Bildungs- und Erziehungsinstitutionen von Beginn an von ihnen profitieren können.

Ziele: Kompetenzen im Bildungsverlauf

Die Aussage, dass Bildungsprozesse subjektiv und eigensinnig sind, schließt die Formulierung von Zielen nicht aus. Pädagogik hat die Aufgabe zu analysieren, welche Kompetenzen Kinder benötigen, um in ihrer Lebenswelt jetzt und zukünftig bestehen und die Gesellschaft aktiv gestalten zu können. Nach der Analyse folgen Bewertung und Entscheidung: Welche Ziele sind besonders wünschenswert, welche Kompetenzen sollten vorrangig angestrebt werden in der pädagogischen Arbeit?

Wir teilen die Analyse des Bundesjugendkuratoriums[11] und stellen sie den Zielen als Begründungsrahmen voran:
»... dass die Gesellschaft der Zukunft
- eine Wissensgesellschaft sein wird, in der Intelligenz, Neugier, Lernen wollen und können, Problemlösen und Kreativität eine wichtige Rolle spielen;
- eine Risikogesellschaft sein wird, in der Biografie flexibel gehalten und trotzdem Identität gewahrt werden muss, in der der Umgang mit Ungewissheit ertragen werden muss und in der Menschen ohne kollektive Selbstorganisation und individuelle Verantwortlichkeit scheitern können;
- eine Arbeitsgesellschaft bleiben wird, der die Arbeit nicht ausgegangen ist, in der aber immer höhere Anforderungen an die Menschen gestellt werden, dabei zu sein;
- eine demokratische Gesellschaft bleiben muss, in der die Menschen an politischen Diskussionen teilnehmen und frei ihre Meinung vertreten können, öffentliche Belange zu ihren Angelegenheiten machen, der Versuchung von Fundamentalismen und Extremen widerstehen und bei allen Meinungsverschiedenheiten Mehrheitsentscheidungen respektieren;
- als Zivilgesellschaft gestärkt werden soll, mit vielfältigen Formen der Partizipation, Solidarität, sozialen Netzen und Kooperation der Bürger, gleich welchen Geschlechts, welcher Herkunft, welchen Berufs und welchen Alters.«

Für die Pädagogik in Krippen und Kindergärten müssen die hier benannten allgemeinen Aussagen unter Beachtung entwicklungspsychologischer Erkenntnisse für diese Altersstufen übersetzt und als bei den Kindern zu fördernde Kompetenzen konkretisiert werden. Die Kompetenzen sollen das Kind in die Lage versetzen, in verschiedenen Situationen seines Lebens selbstständig und verantwortungsbewusst zu handeln. Diese Kompetenzen bezeichnen im Sinne von »Richtzielen« die Zielrichtung bei der Förderung und Unterstützung der Kinder.[12] Sie sind im Folgenden entsprechend der in Kindergarten- und Grundschulpädagogik gängigen Unterteilung gegliedert in Ich-Kompetenzen, Sozial-Kompetenzen, Sach-Kompetenzen und ergänzt um Lern-Kompetenzen. Denn in der heutigen Gesellschaft werden Bildungsprozesse übereinstimmend als lebenslanges Lernen gekennzeichnet. Es ist zu beachten, dass sich im Kinder-gartenalter ein Bewusstsein des Kindes über seine eigenen Lernprozesse erst allmählich und nur in Grundzügen anbahnt.

Die Bildungsziele sind formuliert als vier Basiskompetenzen, die Kinder während ihrer Zeit im Kindergarten erwerben. Dabei bedeutet Kompetenz mehr als Wissen, Fähigkeiten und

---

11 Bundesjugendkuratorium: Streitschrift Zukunftsfähigkeit. Berlin 2001, S. 17-18
12 Vgl. Ministerium für Bildung, Kultur und Wissenschaft Saarland (Hrsg.): Rahmenrichtlinien für die vorschulische Erziehung im Saarland. Saarbrücken, April 2003, S. 45 und 46

Fertigkeiten. Es wird hier ein erweiterter Kompetenzbegriff zu Grunde gelegt, der auch Gefühle, Wille und Tatkraft umfasst.

In diesem Kapitel werden die Ziele zuerst entlang der Kompetenzbereiche allgemein formuliert. Sie werden später den einzelnen Bildungsbereichen zugeordnet bzw. präzisiert. Sie sind stets formuliert mit Blick auf das, was Kinder im Verlauf mehrjähriger Bildungsprozesse an Erfahrungen gemacht und sich an Fähigkeiten und Erkenntnissen angeeignet haben sollten. In dem insgesamt breiten Spektrum der Ziele wird es individuelle Unterschiede bei den einzelnen Kindern geben. Individuelle Stärken und Schwächen werden sowohl innerhalb eines Kompetenzbereiches wie auch zwischen diesen sichtbar werden. Anzustreben ist, dass das Kind am Ende seiner Kindergartenzeit Ansätze eines Bewusstseins über seine eigenen Möglichkeiten und Begrenzungen zeigt. Zu den Zielen gehört auch, dass das Kind den Willen und das Zutrauen behält, vorhandene Stärken auszubauen und bei Schwächen Fortschritte zu erzielen.

Die Beobachtung und Dokumentation des Bildungsverlaufs jedes Kindes sollte sich an den aufgeführten Zielen orientieren, damit eventuelle besondere Begabungen oder Beeinträchtigungen frühzeitig erkannt und entsprechende Unterstützungsangebote geplant werden können.

Ich-Kompetenzen

- Sich seiner Bedürfnisse, Interessen und Ansprüche bewusst werden
- Sich seiner Gefühle (Freude, Glück, Trauer, Wut, Angst) bewusst werden und diese angemessen ausdrücken
- Vertrauen in die eigenen Kräfte und das Bewusstsein entwickeln, selbst etwas bewirken zu können
- Sich trauen, für die eigenen Rechte einzustehen und sich gegen Ungerechtigkeit zu wehren
- Die eigene Biografie, Familiengeschichte, Familientradition wahrnehmen, sich zugehörig fühlen und erkennen, dass die eigene Identität kulturell geprägt ist
- Mit Brüchen, Risiken, Widersprüchen leben; Übergänge und Grenzsituationen bewältigen
- Sich mitteilen, etwas sprachlich ausdrücken, sich mit anderen verständigen
- Neugierig und offen sein für neue Erfahrungen, Wissen und Informationen
- Sich seine Meinung über die Dinge und Erscheinungen bilden und andere akzeptieren
- Ideen entwickeln, Initiative ergreifen, andere begeistern, sich durchsetzen
- An einer selbst gestellten Aufgabe dranbleiben, bei Misserfolg nicht gleich aufgeben
- Eigenen Zeitbedarf einschätzen und sich die Zeit einteilen
- Schönes in der Umgebung wahrnehmen, Natur, Kunst und Kultur erleben, Medienerlebnisse genießen und sich daran erfreuen
- Kontakte herstellen und erhalten; kooperieren
- Hilfe anbieten und Hilfe annehmen
- Seinen Körper achten, pflegen und gesund erhalten; Freude an Bewegung entwickeln
- Selbstgefühl entwickeln; Wissen, was einem gut tut, auf seine »innere Stimme« hören, Ängste akzeptieren und überwinden

Sozial-Kompetenzen

- Erwartungen, Bedürfnisse und Gefühle anderer wahrnehmen; achtungsvoll miteinander umgehen
- Anderen zuhören, sich einfühlen können, sich in die Perspektive des anderen versetzen und darauf eingehen
- Die Verschiedenheit in den Interessen zwischen Kindern untereinander sowie zwischen Kindern und Erwachsenen wahrnehmen und anerkennen
- Sich über unterschiedliche Erwartungen verständigen; Konflikte aushandeln und Kompromisse schließen
- Kritik äußern und annehmen
- Erkennen, dass die eigenen Grundrechte nur gelten, weil andere dieselben Rechte haben
- Entscheidungsstrukturen erkennen und mitbestimmen
- Medien als Kommunikationsmittel über Regionen und Grenzen hinweg begreifen und zur Kontaktaufnahme mit anderen Menschen nutzen
- Für verschiedene Kulturen aufgeschlossen sein; die kulturellen und religiösen Verschiedenheiten im Leben von Menschen wahrnehmen, anerkennen und achten
- Gegenüber Diskriminierungen aufmerksam und unduldsam sein
- Regeln und Normen des Zusammenlebens vereinbaren
- Die Folgen eigenen Verhaltens erkennen
- Verantwortung für sich und andere, vor allem auch gegenüber Schwächeren, übernehmen
- Erkennen, im gemeinsamen Tun etwas bewirken zu können
- Anerkennen und achten, dass andere anders bzw. unterschiedlich sind: Jungen und Mädchen, Alte und Junge, Menschen mit und ohne Behinderungen
- Mit Werbung, Konsumdruck durch Medien und Konkurrenz unter Kindern umgehen
- Fairness entwickeln

Sach-Kompetenzen

- Dinge und Erscheinungen differenziert wahrnehmen und dabei alle Sinne einsetzen
- Verallgemeinerungen, Begriffe bilden und diese in unterschiedlichen Lebenszusammenhängen anwenden
- Gemeinsamkeiten und Unterschiede erkennen
- Freude am Suchen und Ausprobieren von Lösungswegen, am Experimentieren, am Forschen und Knobeln, am Überwinden von Schwierigkeiten empfinden
- Zielstrebigkeit, Wissbegier, Beharrlichkeit, Ausdauer und Geschicklichkeit entwickeln
- Sprachliche Äußerungen genau wahrnehmen, den Inhalt verstehen und die Gedanken sinnvoll, sprachlich treffend und grammatikalisch richtig wiedergeben; etwas auch ohne Worte zum Ausdruck bringen
- Wahrnehmen, dass es unterschiedliche Sprachen gibt; sich in Hochdeutsch und in der Familiensprache verständigen können
- Die Vielfalt sprachlicher Ausdrucksmöglichkeiten erkennen und sich an der Schönheit von Sprache erfreuen; Interesse an Büchern und am Lesen entwickeln
- Den Inhalt von Erzählungen, Märchen und Gedichten erschließen

- Kreativität und Phantasie entwickeln; Vorstellungen, Wünsche, Gefühle und Urteile mit künstlerischen Tätigkeiten ausdrücken
- Fertigkeiten in der Handhabung von Materialien, Arbeitstechniken, Gegenständen, Werkzeugen und technischen Geräten entwickeln
- Interesse am Umgang mit elektronischen Medien (z.B. Computer, Internet, Video, Fernsehen, Hörmedien) entwickeln und sich Fertigkeiten im Umgang damit aneignen
- Den Unterschied zwischen eigenem Erleben und Medienproduktionen erkennen
- Einsichten in ökologische Zusammenhänge gewinnen
- Wissen, warum und wie Menschen die Natur nutzen, gestalten und erhalten; sich für die Natur verantwortlich fühlen
- Körperliche Beweglichkeit, Bewegungsfertigkeiten und Koordinationsvermögen sowie Interesse an sportlicher Tätigkeit ausbilden

Lern-Kompetenzen

- Bereit sein, von anderen zu lernen
- Erkennen, dass Bildung die eigenen Handlungs- und Entscheidungsmöglichkeiten erweitert
- Eigene Stärken ausbauen und bei Schwächen Fortschritte erzielen wollen
- Ursachen für gute Lernergebnisse bzw. nicht Gelungenes erkennen; Fehlerquellen ausfindig machen
- Erkennen, dass Anstrengung zum Erfolg führen kann
- Geduld zur Wiederholung und Übung aufbringen
- Erfahrungen und Vorstellungen ordnen und systematisieren; Beziehungen und Zusammenhänge zwischen den Dingen und Erscheinungen erkennen und herstellen
- Erfahrungen und Erkenntnisse aus einem Handlungsbereich in einen anderen übertragen
- Im Austausch unterschiedlicher Erkenntnisse und Meinungen zu neuen Lösungen kommen
- Erkennen, dass es verschiedene Lösungswege gibt
- Ein Grundverständnis dafür entwickeln, dass die eigenen Wahrnehmungen und Ansichten nicht immer richtig sein müssen, dass es sich lohnt, mit anderen darüber zu streiten
- Kooperieren und arbeitsteilig an einer gemeinsamen Sache arbeiten
- Sich selbst, auch mit Hilfe elektronischer Medien, Wissen und Informationen beschaffen und ggf. Hilfe von Experten holen
- Vielfältige Möglichkeiten (Experten, Bibliotheken, elektronische Medien usw.) kennen, sich gezielt Wissen und Informationen anzueignen
- Zeitverständnis für die Lösung von Aufgaben entwickeln
- Lust am Lernen empfinden

- Kreativität und Phantasie entwickeln; Vorstellungen, Wünsche, Gefühle und Urteile mit künstlerischen Tätigkeiten ausdrücken
- Fertigkeiten in der Handhabung von Materialien, Arbeitstechniken, Gegenständen, Werkzeugen und technischen Geräten entwickeln
- Interesse am Umgang mit elektronischen Medien (z.B. Computer, Internet, Video, Fernsehen, Hörmedien) entwickeln und sich Fertigkeiten im Umgang damit aneignen
- Den Unterschied zwischen eigenem Erleben und Medienproduktionen erkennen
- Einsichten in ökologische Zusammenhänge gewinnen
- Wissen, warum und wie Menschen die Natur nutzen, gestalten und erhalten; sich für die Natur verantwortlich fühlen
- Körperliche Beweglichkeit, Bewegungsfertigkeiten und Koordinationsvermögen sowie Interesse an sportlicher Tätigkeit ausbilden

Lern-Kompetenzen

- Bereit sein, von anderen zu lernen
- Erkennen, dass Bildung die eigenen Handlungs- und Entscheidungsmöglichkeiten erweitert
- Eigene Stärken ausbauen und bei Schwächen Fortschritte erzielen wollen
- Ursachen für gute Lernergebnisse bzw. nicht Gelungenes erkennen; Fehlerquellen ausfindig machen
- Erkennen, dass Anstrengung zum Erfolg führen kann
- Geduld zur Wiederholung und Übung aufbringen
- Erfahrungen und Vorstellungen ordnen und systematisieren; Beziehungen und Zusammenhänge zwischen den Dingen und Erscheinungen erkennen und herstellen
- Erfahrungen und Erkenntnisse aus einem Handlungsbereich in einen anderen übertragen
- Im Austausch unterschiedlicher Erkenntnisse und Meinungen zu neuen Lösungen kommen
- Erkennen, dass es verschiedene Lösungswege gibt
- Ein Grundverständnis dafür entwickeln, dass die eigenen Wahrnehmungen und Ansichten nicht immer richtig sein müssen, dass es sich lohnt, mit anderen darüber zu streiten
- Kooperieren und arbeitsteilig an einer gemeinsamen Sache arbeiten
- Sich selbst, auch mit Hilfe elektronischer Medien, Wissen und Informationen beschaffen und ggf. Hilfe von Experten holen
- Vielfältige Möglichkeiten (Experten, Bibliotheken, elektronische Medien usw.) kennen, sich gezielt Wissen und Informationen anzueignen
- Zeitverständnis für die Lösung von Aufgaben entwickeln
- Lust am Lernen empfinden

Aufgaben der Erzieherinnen

Kindertagesstätten sind Orte für Kinder, an denen sie Geborgenheit finden, vielseitige Beziehungen zu anderen Kindern eingehen können und Anregungen zur Auseinandersetzung mit ihrer Umwelt erhalten. Es sind Orte, an denen Jungen und Mädchen ihrem Forscherdrang nachkommen können, wo sie Verantwortung übernehmen und vielseitig tätig sein können.

Damit das Kind die Bildungsmöglichkeiten der Kindertagesstätte nutzen kann, braucht es im Krippenalter eine sichere Bindung, im Kindergartenalter eine verlässliche Beziehung zur Erzieherin sowie die emotionale Verbindung zu anderen Kindern der Gruppe. Die Grundlage dafür wird in der Eingewöhnungszeit in Abstimmung mit den Eltern geschaffen. Positiv verlaufende Bildungsprozesse setzen voraus, dass die Erzieherin jedes Kind anerkennt und ihm mit Wertschätzung begegnet.

Das Leben in der Kindertageseinrichtung – wird es inhaltsreich und anregend gestaltet – bietet den Kindern vielfältige Gelegenheiten, sich die Welt zu erschließen sowie sich das für ihre Entwicklung notwendige Wissen und Können anzueignen. Kinder müssen dazu in den Kindertagesstätten Gelegenheit erhalten, mit technischen Medien und Informationen umzugehen und diese gemeinsam mit anderen gezielt für die Erweiterung ihrer Erfahrungen über das Leben in dieser Welt auszuwählen und zu nutzen.

Das Zusammensein älterer und jüngerer Kinder, die alltäglichen Situationen im Tagesablauf, die verschiedenen Spiele, die gemeinsam geplanten Projekte und nicht zuletzt die anregende Gestaltung der Räume ermöglichen reichhaltige Lernerfahrungen. Gerade im Zusammenfallen von lebenspraktischen Tätigkeiten und Lernerfahrungen liegen die Vorzüge der Bildung und Erziehung in Kindertageseinrichtungen. Sie müssen bewusst zum Tragen gebracht werden. Die Logik des Lebens, die Erlebnisse und Erfahrungen der Kinder bestimmen die Systematik der Anregungen für die Unterstützung der Bildungsprozesse im Kindergarten. Erzieherinnen müssen sich ausgehend von der konkreten Analyse der Situation in der Kindergemeinschaft fragen: Welche spezifischen Möglichkeiten bieten die verschiedenen Erlebnisse und Tätigkeiten im Tagesablauf für die Förderung der Ich-, der Sozial-, der Sach- und Lernmethodischen Kompetenzen der jüngeren und älteren Kinder und wie sollen sie zur Wirkung gebracht werden? Das stellt hohe Anforderungen an die Planung der pädagogischen Arbeit, denn es gilt an bedeutsamen Situationen im Erleben der Kinder, an ihren Erfahrungen und Fragen anzuknüpfen, den Kindern genügend Freiraum zu geben und zugleich systematisch an der Umsetzung der Bildungsziele und Bildungsinhalte zu arbeiten. Dazu bedarf es einer offenen und flexiblen Planung. Strukturierungspunkte sind vorrangig die Erlebnisse und Erfahrungen der Kinder, also die Sinnzusammenhänge, die sich ihnen stellen. Kinder lernen durch konkrete Erfahrungen und in überschaubaren Handlungszusammenhängen. Körpererfahrungen, die soziale und kulturelle Umwelt, Sprache und Sprechen, bildnerisches Gestalten und musikalische Tätigkeiten, naturwissenschaftliche und mathematische Grunderfahrungen, bieten unterschiedliche Zugänge zur Weltaneignung. Als beispielhafte Anregungen bieten sie die inhaltliche Substanz der Bildungsprozesse in Kindertagesstätten.

Von entscheidender Bedeutung für die Qualität der Anregungen sind die Kenntnisse jeder Erzieherin über die Situation in der Kindergemeinschaft. Sie schätzt ein, welche Inhalte und welche Lernerfahrungen für die Kinder jeweils wichtig sind, damit sie Selbstvertrauen aufbauen und ihre Handlungsfähigkeit erweitern können.

Bei der Planung und Gestaltung des Tagesablaufs im Kindergarten sind nicht zuletzt die physischen Besonderheiten der Kinder in diesen frühen Lebensjahren zu beachten. Ihre leichte Erregbarkeit und die Empfindsamkeit ihrer Sinnesorgane sowie die rasche Ermüdbarkeit verpflichten, während des Tages für einen sinnvollen Wechsel von Anspannung und Erholung zu sorgen, einseitige Belastungen, Überanstrengung und Lärm zu vermeiden und vor allem dem großen Bewegungsdrang der Kinder Rechnung zu tragen. Zu berücksichtigen sind die individuellen Unterschiede der Kinder und besonders die Bedürfnisse von Kindern mit zeitweisen oder dauerhaften Beeinträchtigungen. Erzieherinnen nutzen diese Heterogenität innerhalb einer Kindergemeinschaft als Entwicklungschance für alle Kinder. Die vielfältigen Bedürfnisse und Bedingungen aller Kinder werden als Ausgangslage für jegliches pädagogisches Handeln gesehen.

Gestaltung des alltäglichen Lebens

In Kindergärten leben, lernen und spielen Kinder aus verschiedenen familiären Verhältnissen, verschiedener kultureller Herkunft, unterschiedlichen Alters und Entwicklungsstandes zusammen. Das Leben im Kindergarten bildet ein eigenständiges soziales Beziehungsgefüge. Hier können sich die Kinder gleichberechtigt ihre Erfahrungen mitteilen, gemeinsame Vorhaben planen und auch Kompromisse aushandeln, die ein gemeinsames Tätigsein ermöglichen. Gerade über das tagtägliche Erleben bilden und festigen sich bei den Kindern moralische Vorstellungen und Verhaltensgewohnheiten. Das Leben im Kindergarten ist ein Übungsfeld sozialen Verhaltens. In den Alltagssituationen wie: Ankommen, Verabschieden, mit anderen Kindern gemeinsam etwas tun, im Garten spielen, Gegenstände reparieren, einkaufen, Frühstück vorbereiten, Pflanzen und Tiere versorgen u.a.m. begegnen Kinder verschiedenen sozialen Anforderungen und setzen sich mit Ansprüchen an ihre Fähigkeiten und Fertigkeiten auseinander. Das heißt, die alltäglichen Situationen im Kindergarten sind voller Lernanregungen. Es ist deshalb von Bedeutung, wie sie gestaltet werden. Günstige Bedingungen sind dann gegeben, wenn jedes Kind Aufmerksamkeit und Zuwendung erfährt, wenn die Kinder aktiv und ideenreich mitbestimmen und gestalten können, wenn ihre Erfahrungen ernst genommen und ihre Kräfte herausgefordert werden.

Alle Kinder bringen selbstverständlich unterschiedliche Erfahrungen, Kenntnisse und Erlebnisse in das gemeinsame Leben ein. Die Kindergemeinschaft ist ein Sammelbecken von Neugier, Erfahrungen und Fähigkeiten mit vielfältigen Anreizen für interessante Tätigkeiten, weil und wenn jedes Kind Eigenes einbringen kann. Kinder entwickeln eine konstruktive Kraft zu eigenständigen Erklärungs- und Deutungsmustern. Allerdings ist die Entfaltung dieses erstaunlichen Potentials davon abhängig, welche Bedingungen des Aufwachsens ihnen die Erwachsenen anbieten. Kinder brauchen ein Gegenüber, das ihre Gedanken und Aktivitäten wahrnimmt, sich für ihre Ideen interessiert und sie ernst nimmt, sie in ihrem Tun bekräftigt und anregt. Erzieherinnen sollten der Neugier der Kinder nachgehen, ihren Forscherdrang unterstützen und ihnen helfen, tiefer in die Dinge und Erscheinungen einzudringen. Je mehr Eigeninitiative und Selbstbestimmung zugelassen werden, je mehr Erfahrungen und Kompetenzen können sich die Kinder aneignen.

Kinder entwickeln ihre Fähigkeiten und Fertigkeiten in einem anregungsreichen Umfeld, in dem es viel zu sehen und auszuprobieren gibt und in dem sie vieles voneinander lernen können. Durch eigenes und gemeinsames kreatives Tätigsein, durch Forschen, Erkunden und Nachfragen wird die Welt durchschaubar. Ein anregungsreiches Umfeld beinhaltet auch den gemeinsamen Umgang mit elektronischen Medien: Das ist für jene Kinder von besonderer Bedeutung, die zu Hause keinen Zugang zu solcher Technik haben.

Ein Grundanliegen der Gestaltung des Alltags im Kindergarten ist das körperliche Wohlbefinden der kleinen und großen Kinder. Der Erhaltung und Stabilisierung ihrer Gesundheit muss Aufmerksamkeit gewidmet werden. Das beinhaltet sowohl die Unterstützung und Förderung gesunder Essgewohnheiten, als auch die Anregung zu körperlicher Bewegung und die Förderung hygienischer Kompetenzen.

■ Qualitätskriterien für die Gestaltung des Alltags im Kindergarten

- Erzieherinnen sorgen für einen Tagesablauf, der den unterschiedlichen körperlichen und sozialen Entwicklungsbedürfnissen der Kinder entspricht.
- Sie gehen auf die besonderen Bedürfnisse der Altersgruppen ein und schaffen entsprechende Bedingungen und Erfahrungsräume.
- Sie geben den Kindern als vertraute und verlässliche Bezugspersonen emotionale Zuwendung, Schutz und Geborgenheit.
- Sie sind aufmerksam für die Anliegen und Wünsche, Bedürfnisse und Gefühle der Kinder und nehmen sie ernst.
- Sie beachten bei Aktivitäten die Gemeinsamkeiten und Besonderheiten von Kindern unterschiedlicher kultureller Herkunft
- Sie achten darauf, dass die verschiedenen Sprachen und Dialekte der Kinder im Alltag zur Geltung kommen.
- Sie achten bei der Auswahl von Materialien und Büchern darauf, dass Angehörige aus verschiedenen Kulturen auf vielfältige Art präsent sind.
- Sie sind sich ihrer Vorbildwirkung bewusst und entwickeln im Kindergarten ein Klima, das von gegenseitigem Respekt und Wertschätzung geprägt ist.
- Sie entwickeln Rituale und Strukturen, die das Zusammengehörigkeitsgefühl der Kinder stärken und ihnen Orientierung und Sicherheit im Tagesablauf bieten.
- Sie beteiligen Kinder an der Planung und Gestaltung des Zusammenlebens und schaffen einen Rahmen, in dem Kinder ihre Wünsche äußern sowie ihre Einfälle und Ideen einbringen können.
- Sie unterstützen Kinder darin, sich über unterschiedliche Erwartungen zu verständigen und Kompromisse auszuhandeln.
- Sie regen Kinder an, sich gegenseitig zu helfen, etwas zu zeigen, etwas vorzumachen oder nachzuahmen, Hilfe zu suchen und anzunehmen.
- Sie beobachten die Kinder und versuchen herauszufinden, welche Fragen und Probleme sie beschäftigen.

- Sie ermutigen Kinder, Fragen zu stellen und unterstützen sie in der Suche nach Antworten.
- Sie halten die kindliche Neugierde und die Lust am Lernen wach und zeigen Kindern, dass auch Erwachsene lernen.
- Sie unterstützen Kinder darin, ihre eigenen Lern- und Lösungswege zu finden, an einer Sache beharrlich weiter zu arbeiten und eigene Fragen weiter zu verfolgen.
- Sie bieten Raum für selbstständiges Erkunden, Experimentieren und Gestalten, um den Erwerb von Kenntnissen, Fähigkeiten und Fertigkeiten zu unterstützen.
- Sie tragen Themen an die Kinder heran, die für ihr Aufwachsen in dieser Gesellschaft wichtig sind.
- Sie geben Kindern die Zeit, die sie brauchen, um lernen zu können und achten darauf, individuelle Lernprozesse nicht zu unterbrechen.
- Sie ermutigen Kinder, Fehler als Lernchance zu sehen und Misserfolge als wertvolle Erfahrung, an der man sich weiter entwickeln kann.
- Sie regen Kinder an, Alltagssituationen in der Kindertageseinrichtung selbst zu gestalten, für und in der Gemeinschaft tätig zu sein und Verantwortung zu übernehmen. Sie unterstützen Kinder, sich dazu notwendiges Wissen, Fähigkeiten und Fertigkeiten anzueignen.
- Sie stellen vielfältige Materialien und technische Medien bereit. Sie ermöglichen den selbstständigen Zugang und erschließen gemeinsam mit den Kindern Nutzungsmöglichkeiten.
- Sie erkunden gemeinsam mit Kindern, welche Lernmöglichkeiten das Gemeinwesen eröffnet.
- Sie schaffen Bedingungen für den Wechsel von Anspannung und Erholung, von Ruhe und Bewegung und fördern gesunde Essgewohnheiten.
- Sie unterstützen den Spaß und die Freude an körperlicher Bewegung und fördern die Herausbildung körperlicher Fähigkeiten und Bewegungsfertigkeiten.
- Sie schaffen durch einzelne herausgehobene Aktionen die Voraussetzung für besondere Gemeinschaftserlebnisse.

Spiel

Das Spiel der Kinder ist eine selbstbestimmte Tätigkeit, in der sie ihre Lebenswirklichkeit konstruieren und rekonstruieren. Sie behandeln die Wirklichkeit ihren Vorstellungen entsprechend; sie handeln und verhalten sich, als ob das Spiel die Wirklichkeit sei. Kinder konstruieren spielend soziale Beziehungen und schaffen sich die passenden Bedingungen. Kinder verbinden immer einen Sinn mit dem Spiel und seinen Inhalten. Sie gebrauchen ihre Fantasie, um die Welt im Spiel ihren eigenen Vorstellungen entsprechend umzugestalten. Für die Spielenden ist allein die Handlung, in der sie ihre Spielabsichten und Ziele verwirklichen, wesentlich und nicht ihr Ergebnis. Gerade darin liegen die bildenden Elemente des Spiels.

Das Spiel ist in besonders ausgeprägter Weise ein selbstbestimmtes Lernen mit allen Sinnen, mit starker emotionaler Beteiligung, mit geistigem und körperlichem Krafteinsatz. Es ist ein ganzheitliches Lernen, weil es die ganze Persönlichkeit fordert und fördert. Im Spiel lernen die Kinder freiwillig und mit Spaß, über Versuch und Irrtum, aber ohne Versagensängste.

Im Spiel stellen sie sich ihre Fragen selbst und erfinden dazu die Antworten. Das entspricht zugleich dem Prinzip der Förderung von Bildung und Weltverständnis.

Das Spiel ist die Möglichkeit für Kinder, sich mit anderen Personen auseinander zu setzen, ihnen näher zu kommen, ihre Eigenheiten, Stärken und Schwächen zu entdecken und zu respektieren – und damit zugleich sich selbst vertrauter zu werden. Sie gewinnen Selbstvertrauen.

■ Qualitätskriterien für die Anregung und Erweiterung der kindlichen Spieltätigkeit

- Erzieherinnen gestalten mit den Kindern eine anregende Umgebung mit Anreizen und Freiräumen zu vielfältigem Spiel.
- Sie stellen vielseitig verwendbares Spielzeug, Gegenstände des täglichen Lebens, verschiedene technische Medien und Naturmaterialien zur Verfügung.
- Sie ermöglichen Kindern elementare Erfahrungen mit Feuer, Wasser, Erde und Luft.
- Sie unterstützen die Kinder selbst zu entscheiden, was, wann, wie lange und mit wem sie spielen möchten.
- Sie beobachten, ob Kinder sich zurückziehen oder ausgeschlossen werden und untersuchen Gründe dafür.
- Sie ermuntern Kinder, eigene Spielideen zu entwickeln und stehen als Ansprechpartnerin und Ratgeberin zur Verfügung.
- Sie unterstützen Kinder darin, Gesehenes, Erlebtes, Erfahrenes – auch durch Fernsehen, Videos und andere Medien – im Spiel auszuleben und gemäß ihrem Entwicklungsstand zu verarbeiten. Sie setzen keine Tabus, verabreden aber mit den Kindern Grenzen und Regeln.
- Sie haben selbst Spaß am Spiel und verfügen über ein breites Repertoire.
- Sie geben Impulse, um Spiele variantenreicher und interessanter zu gestalten, ohne die Spielideen zu dominieren.
- Sie unterstützen, falls erforderlich, die Kinder beim Aushandeln und Vereinbaren von Regeln und helfen, sich bei Konflikten und Streitigkeiten darauf zu stützen.

■ Planung und Gestaltung von Projekten

Ein Projekt ist ein bewusst herausgehobenes und zielgerichtetes Handeln von Kindern und Erwachsenen mit einer zeitlich und inhaltlich geplanten Abfolge der Auseinandersetzung mit einem Thema aus der Lebensrealität dieser Kinder.

Projekte werden aus konkreten Anlässen entwickelt, in denen die Neigungen und Interessen der Kinder zum Ausdruck kommen. Aber auch Themen, mit denen die Kinder bis dahin noch nicht in Kontakt kamen, können in Projekten bearbeitet werden, wenn sie für das Hineinwachsen von Kindern in die Gesellschaft und für die Erweiterung ihrer Weltsicht wichtig sind.

Projekte sind auch danach auszuwählen, ob ein Thema für diese Bearbeitungsform geeignet ist. Beispielsweise muss eine zeitlich ausreichend lange Bearbeitung möglich sein. Das Thema muss Veränderungs- und Erfahrungsmöglichkeiten bieten; es muss als strukturiertes Erfahrungslernen zu planen und durchzuführen sein. Projekte sollen vielfältige Spiel- und Lernaktionen enthalten. Projektarbeit ist für Kinder erlebnisreich und interessant, wenn sie selbst den Verlauf mitbestimmen können. Projekte werden deshalb nicht für, sondern mit den Kindern geplant.

Lernen in Projekten ist entdeckendes und forschendes Lernen. Dabei steht das Ergebnis nicht schon vorher fest, sind die Antworten nicht schon vorher klar. Kinder und Erwachsene begeben sich vielmehr in einen gemeinsamen Prozess des Forschens, Erkundens und Untersuchens. Projekte sind – trotz notwendiger Planung und Vorbereitung – Lernarrangements, die offen sind für spontane Ideen der Kinder, neue Überlegungen der Erzieherinnen oder Anregungen von Eltern und anderen Personen.

Projekte bleiben nicht nur auf die Räume der Kindertagesstätte begrenzt. Projekte sind hervorragend geeignet, die institutionellen Begrenzungen zu überwinden im Sinne einer Öffnung des Kindergartens, sei es durch gezielte oder spontane Kontakte zu Nachbarn, Handwerkern oder Gewerbetreibenden, die als »Ehrenamtliche« die pädagogische Arbeit mit ihren Erfahrungen bereichern, sei es durch gezielte oder spontane Kenntnisnahme und Aneignung der Umgebung des Kindergartens, die zugleich meist auch die Wohnumgebung der Kinder ist. Mit Projekten dieser Art können Kinder beginnen, ihre »Verinselung« zu überwinden. Öffnung des Kindergartens kann dazu beitragen, kinderfeindliche Beeinträchtigungen zu identifizieren und ihnen zu begegnen.

■ Qualitätskriterien für die Planung der pädagogischen Arbeit

1. Erzieherinnen erkunden die Lebenssituation der Kinder.
- Dazu erfassen sie durch systematische und zielgerichtete Beobachtungen, welche Interessen und Bedürfnisse, welche Fragen und Probleme die Kinder haben, welches aktuelle »Lebensthema« sie beschäftigt.
- Sie setzen sich mit aktuellen wissenschaftlichen Erkenntnissen über kindliche Entwicklung auseinander.
- Sie verfolgen gesellschaftliche und kulturelle Entwicklungen und prüfen, welche für das Aufwachsen in der Gesellschaft und für die Erweiterung der Weltsicht der Kinder bedeutsam sind.
- Sie entscheiden darüber, welches Thema im Rahmen eines Projektes bearbeitet werden soll und berücksichtigen dabei, dass Kinder ihr Wissen erweitern und in ihrem selbstbestimmten, sozial verantwortlichen und sachkompetenten Handeln gefördert werden.

2. Sie entwickeln die konkreten Ziele des pädagogischen Handelns.
- Dazu übertragen sie die allgemeinen Ziele in den Rahmen des Projektthemas und beziehen sie auf die Kenntnisse, Fähigkeiten, Fertigkeiten, welche die Kinder bereits mitbringen und welche sie brauchen, um die Situation selbstbestimmt und kompetent zu gestalten.
- Sie differenzieren die Ziele entsprechend den anstehenden Entwicklungsaufgaben bei jüngeren und älteren Kindern bzw. bei Kindern mit besonderen Bedürfnissen.

3. Sie überlegen und planen die Umsetzung gemeinsam mit den Kindern.
- Sie analysieren mit den Kindern, mit den Eltern, den Kolleginnen, wie sich die Situation aus deren jeweiliger Sicht darstellt und welche Erfahrungen diese einbringen können.
- Sie planen und unterstützen differenzierte Tätigkeiten und Aktivitäten einzelner Kinder, für Klein- und Großgruppen bis hin zur gesamten Kindergarten.
- Sie stehen den Kindern als Ansprechpartnerin zur Verfügung und unterstützen die Kinder bei der Realisierung eigener Vorhaben.

4. Sie werten die Erfahrungen gemeinsam mit allen Beteiligten aus.
- Dazu reflektieren sie, wie aktiv sich die Kinder beteiligt haben und worin diese einen Erfolg für sich sehen.
- Sie beachten, dass Reflexion und Kontrolle vorrangig dem eigenen Handeln dienen und zur Beantwortung der Fragen, welche Ziele erreicht wurden und ob das Thema richtig gewählt war.
- Sie dokumentieren den gesamten Verlauf des Projekts und beziehen dabei die Kinder ein, so dass der Prozess für Kinder und Eltern erkennbar und nachvollziehbar ist. Sie nutzen dazu unterschiedliche Medien.

▬ Anregungsreiche Räume

Raumgestaltung ist gestaltete Wirklichkeit. Sie ist Ausdruck gesellschaftlich-kultureller Realität, zu der man sich abgrenzend oder zustimmend in Beziehung setzen kann. Kinder halten sich in Räumen auf, die Erwachsene als geeignet ansehen und für sie gestalten. Zwangsläufig werden Kinder mit Zeitgeist und Kultur vertraut gemacht. Sie eignen sich über die Raumgestaltung einen Ausschnitt der historischen, kulturellen und sozialen Welt an. Ein anregungsreicher Raum wird deshalb zu Recht oft als der »dritte Erzieher« benannt.

Eine differenzierte Raumgestaltung regt die Wahrnehmung der Kinder an. Durchdacht gestaltete Räume fördern Eigenaktivität, Orientierung, Kommunikation, soziales Zusammenleben, Körpererfahrungen und ästhetisches Empfinden. Räume im Kindergarten sollten Forschungs- und Experimentierfelder sein, in denen Kinder mit allen Sinnen ein Bild von sich selbst, von den anderen und von der Welt entwickeln können.

Räume sind zum Wohlfühlen da. Kinder werden sich eher wohl fühlen, wenn sie Einfluss auf die Gestaltung nehmen können. Zwischen Anregungsreichtum und Reizüberflutung müssen Erzieherinnen gemeinsam mit den Kindern sorgsam abwägen.

■ Qualitätskriterien für Raumgestaltung und Materialauswahl

- Erzieherinnen entwickeln mit den Kindern Ideen zur Gestaltung der Räume und des Außengeländes, so dass sich alle damit identifizieren und wohl fühlen können.
- Sie stellen unterschiedliche – den Kindern frei zugängliche – Materialien zum Forschen und Experimentieren bereit.

- Sie achten darauf, dass die Räume spezifische Elemente der jeweiligen Region sowie unterschiedliche Kulturen und Traditionen widerspiegeln.
- Sie gestalten die Kindertageseinrichtung für neue interkulturelle Erfahrungen für Kinder und Eltern.
- Sie fördern das ästhetische Empfinden der Kinder durch die Raumgestaltung und Materialauswahl und ermöglichen Gegenerfahrungen zur Reizüberflutung und Konsumorientierung.
- Sie ermöglichen Kindern Erfahrungen in der Pflege von Pflanzen sowie für die artgerechte Haltung und Versorgung von Tieren.
- Sie erleichtern den Kindern die Orientierung bei der Auswahl ihrer Tätigkeiten und Spiele durch Übersichtlichkeit und frei zugängliches Material.
- Sie gestalten Räume und wählen Material, so dass Kinder zum Experimentieren und Forschen, zum eigenständigen Ausprobieren und Gestalten angeregt werden.
- Sie ermöglichen Grunderfahrungen mit verschiedenen Materialien, den Umgang mit Werkzeugen und die Benutzung von Medien.
- Sie bieten den Kindern Gelegenheiten für vielseitige Bewegungserfahrungen.
- Sie gestalten das Außengelände mit Kindern zum Zweck vielseitiger Bewegung und Rückzug/Ruhe sowie zur Naturbegegnung.

Beobachten und Dokumentieren

Regelmäßige und gezielte Beobachtungen sowohl einzelner Kinder als auch der Kindergemeinschaft gehören zum wichtigsten Handwerkszeug der Erzieherinnen. Beobachtungen und ihre Dokumentation sind unerlässlich, um erkennen zu können, wo genau sich Kinder in ihren aktuellen Bildungsprozessen befinden und wie sie darin wirksam unterstützt werden könnten.

Jede Beobachtung setzt Klarheit über die Beobachtungsabsicht voraus.

Beobachten der Entwicklung des einzelnen Kindes

Prinzipiell besteht dieses Beobachtungsziel darin, die individuellen Anlagen, Interessen, den aktuellen Entwicklungsprozess und das emotionale Befinden jedes Kindes in regelmäßigen Abständen zu beachten. Im Einzelfall kann es nötig sein, den Entwicklungsstand des Kindes in Hinsicht auf mögliche Verzögerungen oder Störungen zu erfassen.

Bei der Beobachtung der alltäglichen Aktivitäten des Kindes geben die als Kompetenzen beschriebenen Ziele Orientierung. Für eine Beobachtungssequenz kann die Erzieherin einzelne Kompetenzen auswählen, um unter diesen Aspekten das Verhalten des Kindes einzuschätzen. Es geht darum festzustellen, welche Bedürfnisse und Interessen das Kind zum Beobachtungszeitpunkt zeigt, wie es diese äußert und in welchen Handlungen es sie umsetzt. Eine besondere Verantwortung besteht für die Erzieherinnen, wenn sie den Eindruck haben, dass die Entwicklung des Kindes in einzelnen Bereichen nur geringe Fortschritte zeigt.

In Entwicklungsgesprächen mit den Eltern ist das beobachtete Verhalten des Kindes vor dem Hintergrund seiner bisherigen Entwicklung einzuordnen. Die (dokumentierten) Beobachtungen werden durch die Wahrnehmungen in der Familie ergänzt.

In Einzelfällen kann es notwendig werden, Experten für diese Einschätzung hinzu zu ziehen, um zu einem dem einzelnen Kind angemessenen Verständnis zu kommen.

■ Beobachten der Situation in der Kindergemeinschaft

Ein anderes Beobachtungsziel besteht darin, die aktuelle Interessens- und Bedürfnislage der Kindergemeinschaft zu erfassen, um Hinweise für die Planung pädagogischer Projekte sowie die Materialbereitstellung und Raumgestaltung zu bekommen.

Die Themen der Kinder sind aus ihren Fragen, aus ihren Spielinhalten und aus ihrem Verhalten zu erschließen. Dazu gehört auch die Wahrnehmung der sozialen Beziehungen innerhalb der Kindergemeinschaft unter den Aspekten: Wer spielt mit wem, womit und wo besonders häufig? Wer beschäftigt sich überwiegend allein? Es bedarf der Professionalität der Erzieherin, um die dem Verhalten zu Grunde liegenden Entwicklungsthemen der Kinder herauszufinden. Gleichzeitig gilt es kritisch zu prüfen, welche Handlungsmöglichkeiten den Kindern im Alltag der Kita ermöglicht werden.

■ Beobachtungsregeln

Je nach Fragestellung werden alle Wahrnehmungen dokumentiert, gesammelt und geordnet. Neben den zufälligen Beobachtungen, die sich im Kita-Alltag ergeben, sind Zeiten für systematische Beobachtungen einzuplanen. Es ist dringend zu empfehlen, dass ein Kind von mindestens zwei Kolleginnen bzw. Kollegen unabhängig voneinander beobachtet wird. Entsprechend der Fragestellung ist von den Beobachtern exakt zu beschreiben, was ein Kind oder mehrere Kinder auf welche Weise und mit wem und wie oft tun. Die beobachteten Sachverhalte müssen sauber von Erklärungsversuchen und Bewertungen getrennt werden. Die pädagogischen Fachkräfte sollten sich zunächst auf die dokumentierten Beobachtungen beziehen. Allgemeine Einschätzungen zur Person des beobachteten Kindes sollten, soweit es geht, zurück gestellt werden. Hier ist eine kollegiale Kontrolle hilfreich. So können subjektive Begrenzungen in der Wahrnehmung und in der Interpretation korrigiert werden.

■ Qualitätskriterien zum Beobachten und Dokumentieren

- Erzieherinnen führen regelmäßige Beobachtungen einzelner Kinder oder Kindergruppen durch, dokumentieren diese und werten sie mit den Kindern, im Team und mit den Eltern aus.
- Sie finden organisatorische Möglichkeiten, die regelmäßiges Beobachten im Rahmen der jeweiligen Bedingungen der Kita sichern.

- Sie achten auf alle Kinder und beobachten nicht nur diejenigen, die zeitweise oder dauerhaft mehr Zuwendung brauchen.
- Sie beschreiben mit Hilfe ihrer Beobachtungen, der Selbstzeugnisse des Kindes und der Einschätzung der Eltern, welche Entwicklungsfortschritte ein Kind gemacht hat und welche Wege es dahin genommen hat.
- Sie entwickeln mit den Eltern gegebenenfalls eine gemeinsame Vorstellung für die zukünftige Förderung des Kindes (Förderplan).
- Sie halten die Ergebnisse der Reflexion schriftlich fest und nutzen sie für die Erstellung der individuellen Bildungsbiografie, für die auch verschiedene Medien eingesetzt werden können.
- Sie entwickeln für die Bildungsbiografien ein Dokumentationssystem.
- Sie stellen die Bildungsbiografien Kindern und Eltern zur Verfügung.

■ Schritte des Beobachtens – ein Beispiel (siehe Tabelle)

Arbeitsschritte	Beispiel
(1) Beobachten und Beschreiben Die Erzieherin beschreibt zunächst ausschließlich, was sie gesehen und gehört hat. Dabei können Fotos oder Videoaufzeichnungen hilfreich sein.	David, 3 Jahre alt, zeigt jedem Kind sein neues Feuerwehrauto. Dann spielt er eine halbe Stunde damit, indem er immer wieder die Leiter hoch schiebt und kleine Figuren hoch laufen und herunter rutschen lässt.
(2) Interpretieren und Diskutieren Die Erzieherin versucht aus verschiedenen Beobachtungen Zusammenhänge herzustellen und in Bezug auf ihr Wissen über das Kind Erklärungen (Deutungen) zu finden. Für einen beobachteten Sachverhalt gibt es immer mehrere Erklärungen über mögliche Zusammenhänge und Ursachen. Die Erzieherin zieht je nach der Situation, ihren Erfahrungen und Gefühlen nur eine subjektive Auswahl von Deutungen in Betracht, die durch Beobachtungen zu anderen Zeiten, in anderen Situationen oder durch andere Erzieherinnen überprüft, ergänzt bzw. korrigiert werden müssen.	An den Tagen zuvor, ist David ständig im Raum herum gelaufen, ohne allein eine Sache zu finden, mit der er sich längere Zeit beschäftigte. Mögliche Erklärungen: • Die im Gruppenraum vorhandenen Spielsachen sind nicht altersgerecht. • Das vertiefte Spielverhalten am Beobachtungstag im Vergleich zu den Vortagen kann eine Reaktion darauf sein, dass die älteren Kinder wegen eines Ausfluges nicht in der Kita sind. • Da das Auto ein Geschenk von seinem Papa ist, den er nur zweimal wöchentlich besucht, hält er sich besonders lange daran fest.
(3) Bewerten und Entscheiden Der beobachtete Sachverhalt und der vermutete Zusammenhang können nun in Bezug auf die Analysefragen und Bildungsziele bewertet werden. Auf dieser Grundlage entscheiden die Erzieherinnen, ob und welche Unterstützung, Anregung oder Veränderung das Kind bzw. die Kindergemeinschaft braucht.	Mögliche Schlussfolgerungen: • David interessiert sich für technische Details an Fahrzeugen und erkundet ihre Funktionen. Das Spielzeugangebot muss ergänzt werden. • Es gibt nicht genug Rückzugsmöglichkeiten für die jüngeren Kinder, wenn alle Kinder der Einrichtung anwesend sind. • David beschäftigt der gestrige Besuch bei seinem Vater sehr. Vorher war er aufgeregt, hinterher braucht er Ruhe, um seine Erlebnisse im Spiel verarbeiten zu können.

In der Dokumentation sind die beobachteten Sachverhalte (1), die Vermutungen (Hypothesen) über mögliche Ursachen (2) und die Bewertungen (3) gesondert zu kennzeichnen. Die fachliche Reflexion im Team kann helfen, besser auseinander zu halten, was geschehen ist und wie das Geschehen interpretiert werden kann.

Beschreibung des Kontextes:
- Was ist der beobachteten Situation vorausgegangen? Was weiß die Erzieherin davon? Was vermutet sie?
- Wo findet die beobachtete Situation statt?
- Welche tatsächlichen Handlungs- und Äußerungsmöglichkeiten hat das Kind in dieser Situation an diesem Ort?

Bei der Auswertung sollte deutlich werden:
- Welche Signale können beobachtet werden, durch die das Kind sein Wohlbefinden oder Missbehagen ausdrückt?
- Welche Signale können beobachtet werden, durch die das Kind seine innere Beteiligung (Engagiertheit) oder sein Desinteresse (Teilnahmslosigkeit) oder seinen Widerstand ausdrückt?
- Welche Hypothesen formulieren die Erzieherinnen zu den Äußerungen und Handlungen des Kindes? Welche Bedürfnisse und Interessen könnten sie leiten? Mit welchen Fragen und Themen beschäftigt es sich vermutlich?
- Welche Kompetenzen des Kindes lassen sich in der beobachteten Situation erkennen?

Als Ergebnis der Auswertung erörtern Erzieherinnen:
- Wie können die Kompetenzen des Kindes gestärkt werden?
- Welche Impulse benötigt das Kind auf seine Fragen, und wie kann seine Suche nach Antworten unterstützt werden? Welche Anregungen können die anderen Kinder in der Kita und welche können Erzieherinnen geben?
- Welche Veränderungen im Handeln der Erzieherinnen, in den Regelungen der Kita, in der Raumgestaltung und Materialausstattung erlauben dem Kind, seinen Fragen, Interessen und Wünschen in eigener Initiative nachzugehen?
- Welche Themen und Fragen sollten an dieses Kind herangetragen werden, um seinen Erfahrungshorizont zu erweitern?

Jedes Kind hat ein Recht darauf, be(ob)achtet zu werden, aber auch darauf, informiert zu sein, wenn es beobachtet wird. Erfahrungen zeigen, dass Kinder, die sich in ihrem Tun gestört fühlen, sich entziehen. Es ist für jeden Erwachsenen selbstverständlich, das zu respektieren. Oft wünscht ein Kind, dass ihm der Text des Beobachters vorgelesen wird. Dadurch kann es angeregt werden, über seine Aktivitäten und seine Entwicklungsgeschichte nachzudenken sowie sich weitere Ziele zu setzen.

Bilder, Fragen und Kommentare im Originalton von Kindern oder ihnen wichtige Gegenstände gehören in jede Dokumentation über den Bildungsverlauf eines Kindes, die so zur Bildungsbiografie wird. Kindern und Eltern kann diese Bildungsbiografie eine wichtige Unterstützung beim Übergang in die Grundschule sein.

Die Bildungsbereiche

Struktur der Bildungsbereiche

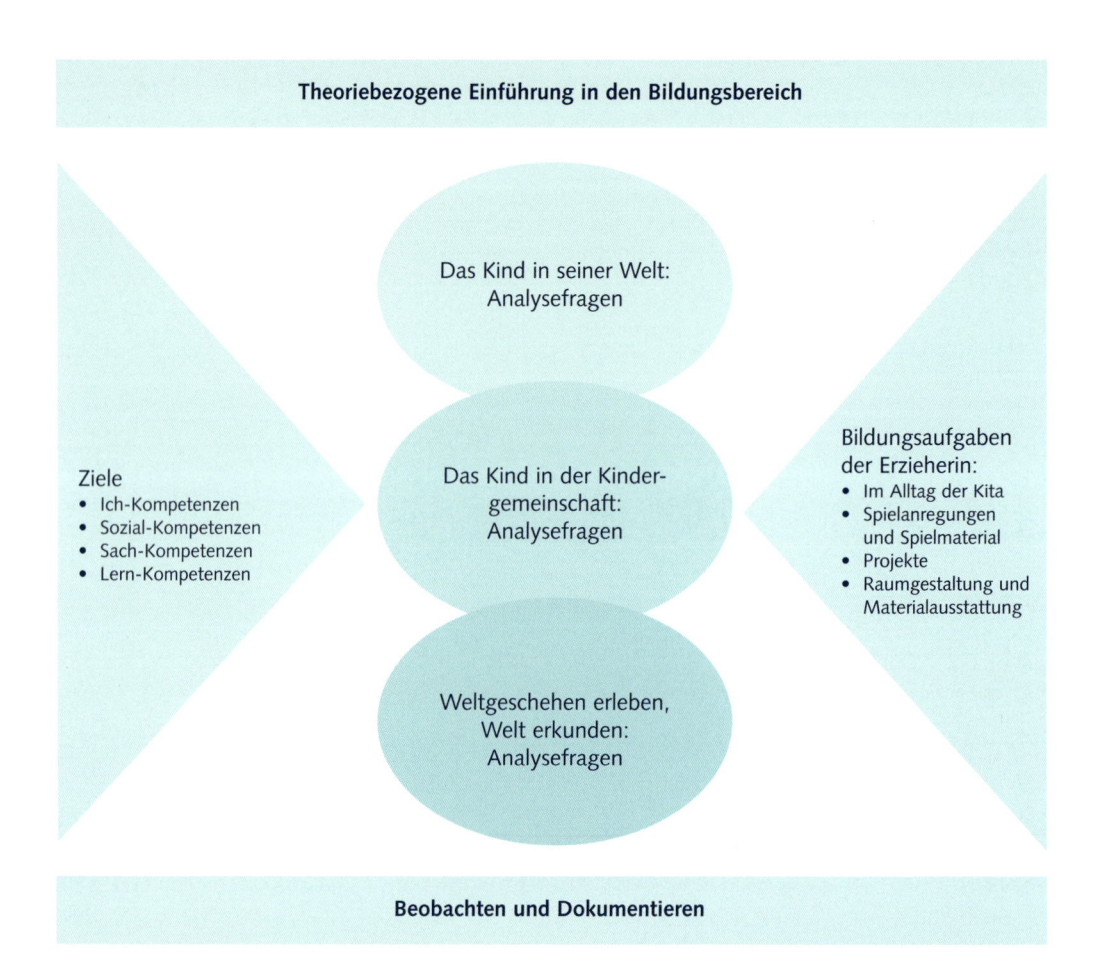

Theoriebezogene Einführung in den Bildungsbereich

Ziele
- Ich-Kompetenzen
- Sozial-Kompetenzen
- Sach-Kompetenzen
- Lern-Kompetenzen

Das Kind in seiner Welt: Analysefragen

Das Kind in der Kindergemeinschaft: Analysefragen

Bildungsaufgaben der Erzieherin:
- Im Alltag der Kita
- Spielanregungen und Spielmaterial
- Projekte
- Raumgestaltung und Materialausstattung

Weltgeschehen erleben, Welt erkunden: Analysefragen

Beobachten und Dokumentieren

Am Beginn jedes Bildungsbereichs steht eine kurze theoriebezogene Einführung. Sie umreißt seine Bedeutung für die Bildungsprozesse der Kinder. Danach ist jeder Bildungsbereich in drei Teile gegliedert. Die Gliederung entspricht dem Muster des Bildungsverständnisses in diesem Programm: Es geht um das einzelne Kind in seiner Welt, um sein Dasein in der Kindergemeinschaft und um sein Erleben bzw. Erkunden von Weltgeschehen.

Jeder dieser drei Teile wiederum ist gleich aufgebaut. Es beginnt mit Fragen zur Erkundung und Analyse der Lebenssituation des Kindes. Die Erzieherinnen und Erzieher können durch die Beantwortung dieser Fragen ein Verständnis für die Persönlichkeit jedes Kindes erwerben. Dann folgen Ziele, die als Kompetenzen beschrieben werden. Und schließlich folgt eine Zusammenstellung möglicher Bildungsaufgaben – also Beispiele für die pädagogische Praxis.

Fragen, Ziele und Bildungsaufgaben stehen als Beispiele für jeweils ein ganzes Spektrum weiterer Möglichkeiten. Erzieherinnen und Erzieher wählen daraus sowohl die zum individuellen Kontext des Kindes als auch die zum Kontext der Einrichtung passenden Möglichkeiten aus. Vermutlich müssen eigene Erkundungsfragen entwickelt, Ziele weiter differenziert und der Katalog von Bildungsaufgaben ergänzt werden. Dies ist durchaus beabsichtigt, um den pädagogischen Handlungsspielraum nicht zu begrenzen.

Im ersten Teil sind Fragen formuliert, die den Blick der Erzieherinnen und Erzieher auf das einzelne Kind in seiner Welt, mit seinen Vorerfahrungen und Interessen im jeweiligen Bildungsbereich, lenken. Die Fragen sollen helfen, die Ausgangslage jedes Kindes zu erkunden, damit die pädagogischen Aktivitäten möglichst individuell daran anknüpfen können.

Mit Blick auf das einzelne Kind sind dann Ziele aufgeführt. Sie konkretisieren die in Kapitel 2 formulierten allgemeinen Kompetenzen, die Kinder in diesem Bildungsbereich entwickeln können. Am Stand des Kindes – ob und wie weit ein Kind bereits bestimmte Kompetenzen erworben hat – orientiert sich die pädagogische Planung. Dazu ist eine regelmäßige gezielte und systematische Beobachtung jedes Kindes notwendig. Mehrere solcher Beobachtungen geben Aufschluss über den Bildungsverlauf eines Kindes. Die Aufgaben für Erzieherinnen und Erzieher regen in einem offenen Katalog zu pädagogischen Aktivitäten an, die auch bei unterschiedlicher Ausgangslage jedem Kind ermöglichen, sich mehr und mehr Kompetenzen anzueignen.

Im zweiten Teil werden Fragen, Ziele und Aufgaben auf das Kind in der Kindergemeinschaft bezogen. Hier wird differenziert betrachtet, welche Ressourcen die Zusammensetzung der Kindergemeinschaft in einer Kita für die Bildungsprozesse in diesem Bildungsbereich bietet und wie diese erweitert werden können.

Der dritte Teil bezieht Fragen, Ziele und Aufgaben darauf, wie von der Kita ausgehend immer weitere Ausschnitte der Welt erkundet werden können, um die Erfahrungshorizonte von Kindern und Erwachsenen zu erweitern. Die Analysefragen und die Anregungen für die Aufgaben der Erzieherinnen und Erzieher fordern dazu auf, die vielfältigen Bildungsgelegenheiten in der Stadt mit den Kindern zu erschließen und kontinuierlich zu nutzen.

Der Zuschnitt der sieben Bildungsbereiche folgt einer analytischen Logik. Im realen pädagogischen Geschehen werden sich in der Gestaltung des Alltags, in den Spielen der Kinder, in themenbezogenen Projekten, in der Raumgestaltung und dem Materialangebot Inhalte aus verschiedenen Bildungsbereichen immer mischen. Deshalb können die Bildungsbereiche nicht nacheinander abgearbeitet werden. Vielmehr geht es darum, dass sich Erzieherinnen und Erzieher in regelmäßigen Abständen bei ihren Reflexionen im Team selbst befragen, ob sie Inhalte aus allen sieben Bildungsbereichen bei ihren Planungen und Unternehmungen innerhalb angemessener Zeit ausreichend berücksichtigt haben. Jedes Kind hat ein Recht darauf, sich mit Inhalten aus allen Bildungsbereichen bekannt zu machen. Es liegt in der Verantwortung der Erzieherinnen und Erzieher, ihnen die entsprechenden Bildungsgelegenheiten zu eröffnen.

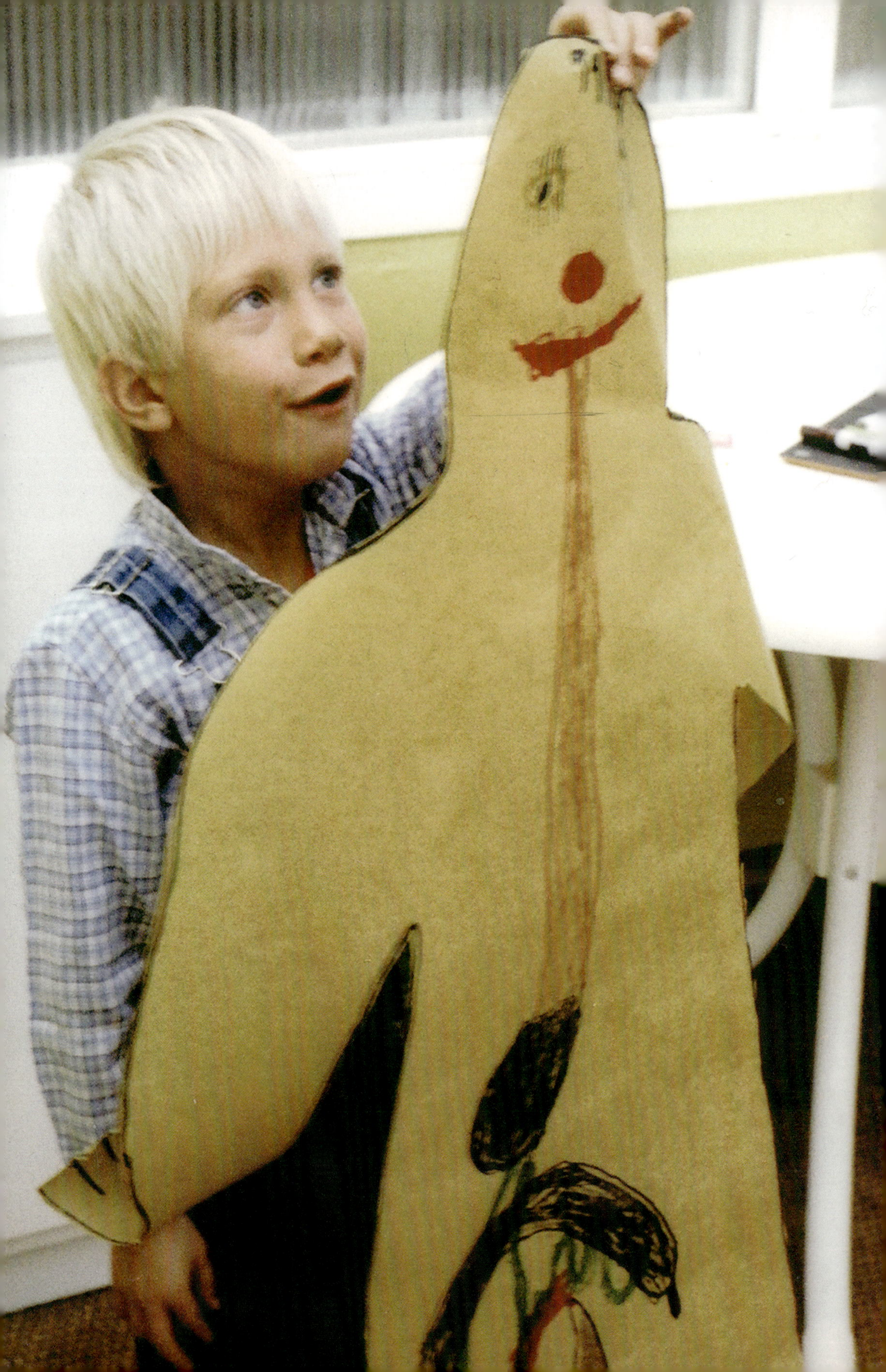

Bildungsbereich
Körper, Bewegung und Gesundheit

Bewegung ist eine elementare Form des Denkens.
(Gerd Schäfer)

»Bewegung ist ein eigener, elementarer Bildungsbereich, der die grundlegenden Orientierungen im Raum, im Körper und im Handeln vermittelt.«[1]

Die Körperwahrnehmungen sind bei der Geburt derart ausgebildet, dass im Zusammenwirken mit den Fernsinnen und den sinnlichen Wahrnehmungen innere Verarbeitungsprozesse stimuliert werden. Diese helfen, alle Vorstellungen über die äußere Welt zu strukturieren, und werden so zur Basis für die Selbstbildung des Kindes. Jede Wahrnehmung über den Körper und die dazugehörigen Deutungen sind die Quelle der konkreten Lebenserfahrungen des Kindes und bestimmen sein persönliches Wachstum. Kindliches Denken beginnt also bereits mit dem sensomotorischen Handeln des Säuglings, der alle körperlichen Erfahrungen mit seinen Sinnen zu verarbeiten sucht. Mit den sich entwickelnden motorischen Fähigkeiten werden Wahrnehmungserfahrungen verfeinert und im Gedächtnis gespeichert.

■ Indem Kinder sich bewegen, bilden sie auch ihre Gefühle

Körperwahrnehmungen, die Wahrnehmungen über die Fernsinne und die emotionalen Wahrnehmungen befinden sich untrennbar in einem komplexen Zusammenspiel. »Über die emotionalen Anteile seines Erlebens trifft der Säugling erste Entscheidungen, indem er sich bestimmten Erfahrungsmöglichkeiten zuwendet und von anderen abwendet. Werden Sinneserfahrungen in einer bestimmten sozialen und kulturellen Welt gering geschätzt und vernachlässigt, gehen die Informationen dieser Sinnesbereiche für die innere Verarbeitung verloren.«[2] Mit zunehmenden körperlichen Fähigkeiten kann das Kind dann vom Krabbelalter an die Lösung vom Erwachsenen erproben und seinen Handlungsspielraum erweitern. Das emotionale Band zum Erwachsenen bestimmt die Qualität der Erkundungen des Kindes in die fremde Umwelt »in der ganzen Spannbreite der emotionalen Konflikte zwischen ängstlichem Festhalten oder tollkühnem Ausreißen, zwischen Verzagen und Selbstüberschätzung.«[3]

---

1 Schäfer, Gerd E.: Bildung beginnt mit der Geburt. Weinheim 2003
2 Ebenda
3 Ebenda

Die Bildungsbereiche

Tägliche körperliche Bewegung ist wesentlich für die ausgewogene Entwicklung und Gesundheit der Kinder (schwedisches Kern-Curriculum für die Vorschulerziehung)

Gesundheitserziehung im Elementarbereich geht weit über das Training des Zähneputzens und des Händewaschens im Kindergarten hinaus. Sie umfasst vielfältige Bewegungsanregungen und gesunde Ernährung ebenso wie ein Bewusstsein von gesunder Umwelt und ein Wissen darum, wie Erwachsene und Kinder sich für deren Erhaltung einsetzen können. Die beste Gesundheitsfürsorge sei – so die Weltgesundheitsorganisation – »Menschen zu befähigen, für ihr eigenes Wohlergehen zu sorgen und für gesunde Lebensbedingungen einzutreten«[4], eine wichtige Aufgabe auch für Bildung, Betreuung und Erziehung im Kindergarten.

Hierzu gehört auch, dass Kinder ein unbefangenes Verhältnis zu ihrer Sexualität entwickeln können. Ihre Fragen zur Sexualität benötigen klare und situationsangemessene Antworten.

---

[4] TPS-Gesundheitsförderung, S. 146

Das Kind in seiner Welt

Analysefragen, die die Erzieherinnen mit Kindern bzw. Eltern erkunden:

■ Das einzelne Kind

- Wie kommt das Kind in den Kindergarten – zu Fuß, mit dem Auto? Welche Bewegungsarten bevorzugt das Kind? Wirkt es bewegungsfreudig oder eher unruhig? In welchen Situationen zeigt es sich bewegungssicher, ängstlich oder draufgängerisch? Kann es eine Balance finden zwischen Bewegung und Ruhe? Entspannt es sich eher durch Bewegung oder durch Ruhe? Kann es Ruhezeiten genießen?

- Wie wohl fühlt es sich in seinem Körper? Welche Berührungen empfindet es als angenehm bzw. unangenehm? Sucht es Zärtlichkeiten, kann es Zärtlichkeiten genießen? Mag es sich selbst, findet es sich schön? Was empfindet es selbst als Vorzüge an sich? Welche Vorstellungen hat es von seinen eigenen körperlichen Stärken, wie geht es mit seinen körperlichen Schwächen um? Wie selbständig ist es in der eigenen Körperpflege, in der Beherrschung der Körperfunktionen?

- Wirkt das Kind anfällig oder robust? Wie geht es mit körperlichem Unwohlsein um? Ist es häufig krank?

- Wie ist das Essverhalten des einzelnen Kindes? Kann es seinen Hunger einschätzen, um Getränke nachfragen, weil es Durst spürt? Wie selbständig, wie geschickt ist es bei Tisch, beim Tischdecken, beim Eingießen und Auffüllen? Kann es ausdrücken, welche Speisen ihm schmecken und welche nicht? Ist das, was es bevorzugt, einseitig oder ausgewogen?

■ Soziale Beziehungen in der Gruppe

- Welche Bewegungsspiele bevorzugt das Kind und welche Partner findet es dafür? Fordert es andere Kinder auf, mitzuspielen?

- Zeigt es seine Gefühle, grenzt es sich ab? Kann es sich in andere hineinversetzen? Mit welchen Kindern sucht es körperliche Nähe, tauscht es Zärtlichkeiten aus?

- Genießt es, gemeinsam mit anderen Mahlzeiten einzunehmen? Kann es bei Tisch die Bedürfnisse der anderen wahrnehmen und sich entsprechend verhalten?

Kulturelle Zugehörigkeit des Kindes

- Wie gestalten die Familienmitglieder ihre Freizeit? Welche Bedeutung haben dabei Bewegung bzw. Sport?

- Wie geht die Familie mit Krankheit um? Wie sicher ist die Familie im Umgang mit Gesundheitsvorsorge?

- Welche Traditionen der Ernährung werden in der Familie gepflegt? Worauf legen die Eltern beim Essen im Kindergarten Wert?

Ziele: Das Kind in seiner Welt

■ Ich-Kompetenzen
- Sich im eigenen Körper wohlfühlen und Lust und Unlust ausdrücken können
- Sich der eigenen körperlichen Möglichkeiten bewusst werden
- Lust an Bewegung haben und sich körperlich ausprobieren
- Das eigene Aussehen akzeptieren
- Essen genießen können und auswählen können; ablehnen, was nicht schmeckt, Hunger, Durst und Sättigung kennen

■ Sozial-Kompetenzen
- Sich gerne mit anderen bewegen und dazu eigene Regeln erfinden und andere Regeln anerkennen
- Körperliche Fertigkeiten von anderen wahrnehmen und andere helfend unterstützen
- Eigene Grenzen vertreten und Grenzen anderer akzeptieren
- Gerne mit anderen Mahlzeiten einnehmen

■ Sach-Kompetenzen
- Körperliche Geschicklichkeit und Koordinationsvermögen erlangen, Interesse an sportlicher Betätigung verspüren
- Grundverständnis über Körperfunktionen entwickeln
- Grundverständnis über das eigene sexuelle Erleben entwickeln
- Grundverständnis über gesunde Ernährung erlangen
- Grundverständnis über die kulturellen Unterschiede bei Essgewohnheiten, im Umgang mit Körper, Sexualität, Gesundheit und Rollenbildern entwickeln
- Wissen darüber erlangen, was dem eigenen Körper gut tut und was ihm schadet

■ Lern-Kompetenzen
- Die Signale des eigenen Körpers als Maß für Wohlbefinden und Entwicklung wahr- und ernstnehmen
- Eigene Stärken ausbauen wollen
- Bewusstheit darüber erreichen, dass Wohlbefinden über Bewegung und gesunde Ernährung selbstwirksam steuerbar ist
- Ein Bewusstsein von den eigenen Entwicklungsmöglichkeiten aufbauen

Aufgaben der Erzieherinnen

■ Im Alltag des Kindergartens, z.B.
- Individuelle Bewegungsfertigkeiten thematisieren (Was macht dir Angst, was traust du dir zu?) und das Kind ermutigen
- Mit dem Kind sprechen, was es selbst an sich mag, was es gerne isst und was nicht
- Die Speisevorschriften einzelner Kinder berücksichtigen
- Über die individuellen Zärtlichkeitsbedürfnisse des Kindes sprechen und sie entsprechend beantworten (Was ist dir angenehm, was magst du nicht?)
- Unterstützung von Körperpflege und Sauberkeitsentwicklung
- Signale für Bewegungs- und Ruhebedürfnisse, für körperliches Unwohlsein und Wohlbefinden des einzelnen Kindes beachten

■ Spielmaterial und Spielanregungen, z.B.
- Bewegungsmaterial, wie Rollbretter, Trampolin, Seile, Bälle, Kletterwand, Balanciermöglichkeiten und Fahrzeuge, die jedes einzelne Kind selbstbestimmt nutzen kann
- Jungen- und Mädchenpuppen, Rollenspielmaterial für Frauen- und Männerrollen
- Bilderbücher über Körper und Geburt, über Essen in anderen Ländern, die sich das einzelne Kind erschließen kann

■ Projektarbeit, z.B.
- Mein Körper, Was macht mir Spaß, was macht mir Angst?; Ich bin größer als, kleiner als/dicker oder dünner als...; Ich bin das Kind der Liebe meiner Eltern
- Ich bin gesund, ich bin krank. Ich beim Doktor, ich im Krankenhaus
- Zahnpflege – meine Zähne, ich beim Zahnarzt; Körperpflege
- Was mag ich gern, was kann ich nicht leiden? Ich bin besonders schön, weil...
- Ich kann besonders gut...

■ Raumgestaltung und Materialausstattung, z.B.
- Räume und Außengelände mit vielfältigen Bewegungsmöglichkeiten und Herausforderungen, die einzelne Kinder selbstbestimmt nutzen können
- Waschräume mit ansprechenden Pflegeutensilien für jedes einzelne Kind
- Tischdekorationen, die das einzelne Kind auswählen kann, Fotodokumentation z.B. von festlichen Mahlzeiten, an denen das einzelne Kind sich beteiligt hat und sich wiedererkennt

Das Kind in der Kindergemeinschaft

Analysefragen, die die Erzieherinnen mit Kindern bzw. Eltern erkunden:

Die Kindergemeinschaft

- Welche unterschiedlichen körperlichen Merkmale, Besonderheiten, Fertigkeiten gibt es in der Gruppe?

- Welche Rollenerwartungen gibt es in den vertretenen Familienkulturen, was ist ähnlich, was ist unterschiedlich und welche Auswirkungen hat es auf die Entwicklung der Kinder in den Bereichen Körper, Bewegung und Gesundheit?

- Welche kulturellen Unterschiede gibt es in der Gruppe im Ausdruck von Körperlichkeit, z.B. beim Baden, Schwimmen, bei Nacktheit, beim Toilettengang...?

- Welche kulturellen Einflüsse bezogen auf Körperlichkeit, Bewegung und Gesundheit sind bei den Kindern zu beobachten?

- Welche Kinder haben Freude an der Körperpflege, welche nicht?

Soziale Beziehungen in der Kindergemeinschaft

- Wie gehen die Kinder miteinander um? Welche Bedeutung haben Zärtlichkeiten, Raufen, Toben...?

- Wie äußern Kinder Aggressionen und wie reagieren die anderen Kinder?

- Welche geschlechtsspezifischen Spielgruppen bilden sich in den Räumen, im Außengelände bei Bewegungsaktivitäten? Welche Bewegungsaktivitäten werden von Jungen, welche von Mädchen bevorzugt?

- Wie drücken sich kulturelle Unterschiede in den Spielgruppen und Freundschaften aus?

- Welche Kinder helfen sich gerne bei der Pflege, beim Waschen, beim Zähneputzen?

- Essen die Kinder lieber an kleinen Tischen, an langen Tafeln? Welche Kinder sitzen gerne beieinander?

Kindergarten-Kultur, Familie und Ausstattung

- Welche Möglichkeiten der selbstbestimmten Bewegung und der Ruhe/des Rückzugs bietet der Kindergarten für kleinere Spielgruppen?

- Bietet das Außengelände Möglichkeiten für unterschiedliche Sinneserfahrungen und können unterschiedliche Bewegungserfahrungen mit variablem Gerät und Material gemacht werden? Ist Platz vorhanden für großräumige, für laute Bewegungen, für Rückzug und Ruhe? Können Flure und Eingangsbereich genutzt werden zum Spielen, Rennen, mit Fahrzeugen?

- Welche Gewohnheiten bei körperlichen Begegnungen, im Umgang mit Zärtlichkeiten zwischen Kindern und zwischen Kindern und Erwachsenen sind im Kindergarten bestimmend und wie unterscheiden sie sich von den vertretenen familiären Gewohnheiten?

- Welche Traditionen bei den Mahlzeiten werden im Kindergarten gepflegt und wie unterscheiden sie sich von Familientraditionen? Welche Essgewohnheiten in den Familien können im Kindergarten einbezogen werden? Wie werden Kinder beteiligt an den Regeln bei Tisch, am Speiseplan, bei der Platzwahl...? Wie sind die Möglichkeiten im Kindergarten, selbstbestimmt jederzeit etwas zu essen oder zu trinken?

- Wie kommen die Nahrungsmittel in die Küche (falls es eine gibt)? Woher kommt unser Mittagessen? Welche Reinigungsmittel werden im Kindergarten verwendet und nach welchen Gesichtspunkten werden sie ausgewählt?

- Wie werden die Vorstellungen der Eltern von Gesundheit und Ernährung berücksichtigt? Machen wir Unterschiede? Warum?

Die Bildungsbereiche

Ziele: Das Kind in der Kindergemeinschaft

■ **Ich-Kompetenzen**
- Eigene körperliche Bedürfnisse, Interessen und Gefühle zum Ausdruck bringen und sich mit anderen darüber verständigen
- Körperkontakt mit anderen suchen und genießen können
- Sich seiner geschlechtlichen Identität als Junge oder Mädchen bewusst werden
- Mahlzeiten genießen können und zu einer angenehmen Esskultur beitragen

■ **Sozial-Kompetenzen**
- Sich einbringen mit Vorschlägen und Lösungen zu Bewegungsspielen und eigene Interessen gegenüber anderen vertreten, die Regeln der Spielgruppe akzeptieren und kooperieren können
- Mit anderen Regeln aushandeln über erwünschten und unerwünschten Körperkontakt; Grenzen durchsetzen können
- Sich auf Herausforderungen durch andere einlassen und sich abgrenzen können

■ **Sach-Kompetenzen**
- Freude und Ausdauer haben, mit anderen schwierige Bewegungsherausforderungen zu meistern
- Begriffe kennen, die Gefühle und Körperempfindungen ausdrücken und sich mit anderen darüber austauschen
- Von den unterschiedlichen Vorlieben der anderen und deren Grenzen wissen

■ **Lern-Kompetenzen**
- Grundverständnis erlangen, dass die Kinder der Gruppe unterschiedliche körperliche Fähigkeiten haben – jüngere und ältere Kinder, Kinder mit Behinderungen…
- Entscheidungsstrukturen in der Gruppe erkennen und mitbestimmen wollen

Aufgaben der Erzieherinnen

- **Im Alltag des Kindergartens, z.B.**
- Gespräche mit den Kindern, über die Besonderheiten jedes Einzelnen, die Andersartigkeiten und die Gemeinsamkeiten
- Beteiligung der Kinder an der Aufstellung von Regeln, Unterstützung bei der Regeleinhaltung
- Gespräche über die Grenzen jedes einzelnen Kindes in der Gruppe
- Einbeziehen in Abläufe und die Übernahme von kleinen Aufträgen für die Gruppe
- Rituale zur Körperpflege – Händewaschen und Zähneputzen, Rituale von Streicheln und Massieren in der Mittagsruhe, beim Geschichtenerzählen
- Angenehm gestaltete Essenssituationen
- Vielfalt von Speisen kennen lernen: Was schmeckt mir, was nicht? Mit Kindern über gesundes Verhalten, gesunde Ernährung sprechen

- **Spielmaterial und Spielanregungen, z.B.**
- Naturmaterialien zum Tasten, Riechen, Schmecken
- Rollenspielmaterial und Verkleidungssachen für Frauen- und Männerrollen
- Babypuppen
- Arztkoffer und Verbandmaterial
- Ausgewählte Seifen und Cremes, Körperlotion über bloße Reinigung und Pflege hinaus
- Schminke und Frisiermaterial
- Spiegel
- Bilderbücher zum Körper, zu Sexualität, zur Entwicklung eines Menschen

- **Projektarbeit, z.B.**
- Bewegungsabenteuer: Was traue ich mir zu? Was macht Lust, was Angst, was beides? Was fühle ich wo in meinem Körper, wenn ich lustig, traurig, ängstlich, wütend bin?
- Wie sieht's in meinem Körper aus? Was passiert mit dem Essen in meinem Körper? Gesunde Ernährung: Was spendet Energie? Muss ich Gemüse essen, das ich nicht mag? Traditionelle Feste und Mahlzeiten der in der Gruppe vertretenen Familien

- **Raumgestaltung und Materialausstattung, Außengelände, z.B.**
- Sonne, Wind, Regen empfinden
- Kühlende und wärmende Materialien
- Wasser, Spritz- und Matschräume, Nischen für Rückzug und Entspannung, Sinnesräume (Snoezelen), Orte zum Klettern, Orte zum Toben, Sinnesparcours – Fühl- und Taststraßen, Höhenunterschiede drinnen und draußen, Spiegelwelten, Bewegungsbaustellen
- Angenehm gestaltete Waschräume
- Einsatz von vielfältigen Medien wie Kinderbücher, Sachbücher, CD-Roms
- Arbeit mit Videokamera, um besondere Aktionen der Kinder zu dokumentieren

Weltgeschehen erleben, Welt erkunden

Analysefragen, die die Erzieherinnen mit Kindern bzw. Eltern erkunden:

▪ Bewegung, Körper und Gesundheit im Heimatort und darüber hinaus

- Wie sind die Wohnverhältnisse und welche Bewegungsmöglichkeiten gibt es in den Wohnungen der Familien, auf den Spielplätzen in der Wohnumgebung, auf Freiflächen in der Umgebung des Kindergartens?

- Welche Wege können Kinder alleine machen? Wo können sich Kinder in der unmittelbaren Umgebung frei bewegen? Mit welchen Risiken müssen sie dabei umgehen lernen?

- Was unterscheidet das Leben von Kindern in der Stadt vom Leben der Kinder, die auf dem Land leben?

- Welche für Kinder interessanten Angebote gibt es, um die Erfahrungen mit Bewegung und Gesundheit zu erweitern, z.B. Abenteuerspielplätze, Krankenhäuser, Arztpraxen…? Kennen die Kinder Waldtage? Was sonst kennen die Kinder, was kennen Eltern und wie können Familienmitglieder und andere Erwachsene einbezogen werden?

▪ Historische und kulturelle Bezogenheit von Körper, Bewegung und Gesundheit

- Wie bewegen sich Babys, Kleinkinder, Schulkinder, Jugendliche, Erwachsene, alte Leute: Was ist gemeinsam, was anders?

- Wie ist die körperliche Entwicklung eines Menschen, von der Geburt bis zum Tod?

- Wo und wie haben die eigenen Eltern gespielt, die Großeltern? Wie hat man früher Wege zurückgelegt? Wie war die Welt ohne Autos, Züge, Flugzeuge, Raketen?

Kindergarten-Kultur und Familie

- Welche Bewegungs- bzw. Sportarten sind hier populär? Welche in anderen Ländern? Gibt es Unterschiede und warum?

- Welche Bewegungs- bzw. Sportarten sind bei Mädchen/Frauen, welche bei Jungen/Männern besonders beliebt? Gibt es Unterschiede und warum?

- Welche Bewegungs- bzw. Sportarten werden bevorzugt im Fernsehen gezeigt und warum ist das wohl so? Wie und warum ändert sich das?

- Können Eltern besondere sportliche Interessen an Kindergarten-Kinder weitergeben? Mit welchen Sportverbänden kann der Kindergarten kooperieren, welche Sportstätten im Umfeld nutzen?

- Welche Eltern können für die gesundheitliche Beratung im Kindergarten angesprochen werden?

- Welche Materialien und Medien können genutzt werden für die Beratung von Familien in Hinblick auf Gesundheit und Ernährung?

- Welche Vernetzungsmöglichkeiten können mit Gesundheitsdiensten aufgebaut werden, um die Gesundheit der Kinder in der Einrichtung zu fördern?

- Welche Nahrungsmittel stammen von hier, was von dem, was die Kinder gerne essen, kommt aus anderen Ländern – woher genau? Wie kommen diese Nahrungsmittel hierher? Wie verändern sie sich beim Transport? Was essen die Menschen in anderen Ländern? Haben alle Menschen Zugang zu allen Nahrungsmitteln – in ausreichender Menge, zu jeder Jahreszeit?

- Was wird in den Medien als gesund dargestellt und stimmt das?

Ziele: Weltgeschehen erleben, Welt erkunden

■ Ich-Kompetenzen
- Lust haben, Unbekanntes zu entdecken
- Die eigene Weiblichkeit bzw. Männlichkeit als Mädchen bzw. Junge in ihrer kulturellen Geprägtheit entdecken
- Bereitschaft und Fähigkeit entwickeln, Risiken im Umfeld einzuschätzen und einzugehen

■ Sozial-Kompetenzen
- Eigene Erlebnisse mit anderen teilen wollen, sich mitteilen wollen
- Kulturelle Verschiedenheit, die sich in der Geschlechterrolle oder im Aussehen zeigt, achten
- Sich einfühlen können in Menschen, die anderes erleben

■ Sach-Kompetenzen
- Grundwissen über die Gemeinsamkeit und Verschiedenheit von Lebensvoraussetzungen in unterschiedlichen Lebenswelten
- Grundwissen über die weltweiten Verflechtungen bei der Versorgung mit Lebensmitteln
- Grundwissen über Ungleichheit und Ungerechtigkeit in der Welt
- Kenntnisse über gesunde Umwelt und ökologische Kreisläufe

■ Lern-Kompetenzen
- Erfahrungen und Vorstellungen in das eigene Weltbild einordnen
- Zusammenhänge von der eigenen Lebenswirklichkeit zu geschichtlichen oder kulturellen Unterschieden herstellen
- Lust am Lernen und Neugier auf weitere Erfahrungen und die Ausweitung des eigenen Bewegungsradius entwickeln

Aufgaben der Erzieherinnen

■ Im Alltag des Kindergartens, z.B.
- Erkunden, wie welche Menschen in welchen umliegenden Orten leben: Vergleiche anstellen: Wie und wo bewegen sich Kleinkinder, Schulkinder, Jugendliche, Erwachsene? Neue Bewegungsanregungen auf Spielplätzen und anderen Orten in der weiteren Umgebung erkunden
- Regelmäßige Wald-Tage
- Mit Kindern bei Außenaktivitäten aufmerksam Veränderungen im Umfeld erkunden – dabei die Kindperspektive einnehmen
- Die Herkunft der verwendeten Lebensmittel verfolgen

■ Spielmaterial und Spielanregungen, z.B.
- Rollenspielmaterial – Bewegungsarten früher und heute – hier und woanders
- Bücher, die Lebensgewohnheiten von früheren Generationen und deren Lebenswirklichkeit verdeutlichen
- Traditionelle Spiele wiederbeleben (z.B. Hüpfspiele, Nachlauf-Weglaufspiele, Fangspiele, Ballspiele...) Mädchenspiele/Jungenspiele in verschiedenen Kulturen

■ Projektarbeit, z.B.
- Jahreszeitliche Wechsel: Wie wirken sie sich auf Leben und Erleben aus? Bewegungsmöglichkeiten im Sommer/im Winter
- Einfluss auf das Körpergefühl
- Schutz vor Krankheiten hier und in anderen Umgebungen
- »Spielzeugfreie Zeit« zur Suchtprophylaxe
- Besuche in Arztpraxen, im Krankenhaus
- Auf ökologischem Bauernhof, auf Märkten, in einer Großküche

■ Raumgestaltung und Materialausstattung, z.B.
- Projektdokumentationen aus dem eigenen Kindergarten
- Stadt- und Landschaftsbilder zu unterschiedlichen Jahreszeiten, aus unterschiedlichen historischen Epochen, aus unterschiedlichen Klimazonen der Erde
- Bücher mit Fotos vom Lebensalltag in unterschiedlichen Kontexten
- Lexika über den menschlichen Körper
- Technischer Medieneinsatz – CD-Rom, Video und Software zu den relevanten Themen

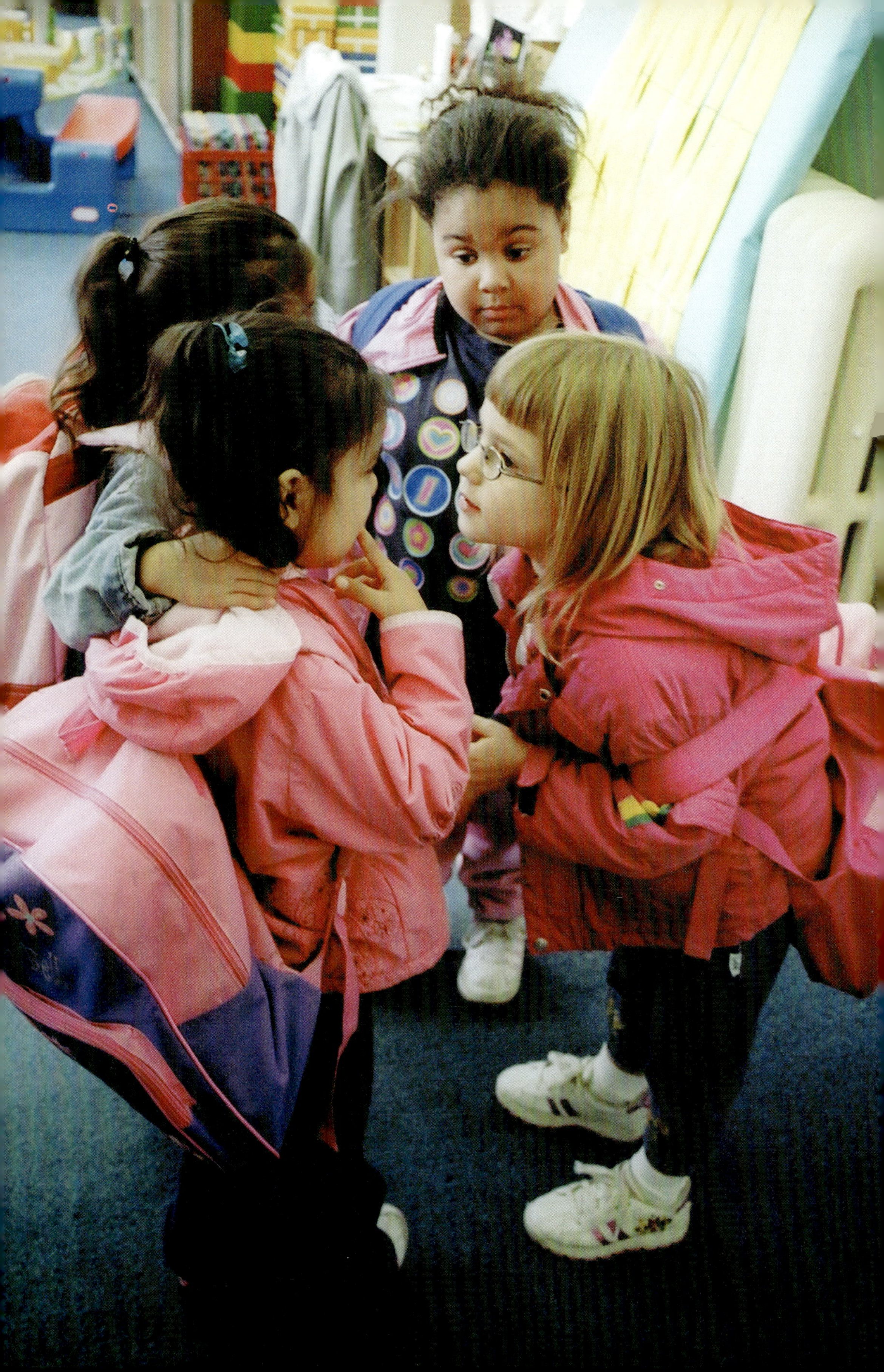

Bildungsbereich
Soziale und kulturelle Umwelt, Werteerziehung und religiöse Bildung

Kinder brauchen Wurzeln und Flügel – Wurzeln, um zu wissen, wo sie herkommen und Flügel, um die Welt zu erkunden.
(Johann Wolfgang Goethe)

Die **sozialen Beziehungen** sind Grundvoraussetzung aller Bildungsprozesse. Ohne soziale Beziehung ist Bildung nicht denkbar. Von Geburt an sind die Impulse, die das Kind durch die ersten Bezugspersonen, in der Regel die Mutter und/oder den Vater, erfährt, wirksam für seine Bildungsbewegungen. Sichere Bindung an seine Bezugspersonen erlaubt dem Kind ein aktives forschendes Erkunden seiner eigenen Möglichkeiten und seiner Umgebung. Sie gibt ihm das Vertrauen, jederzeit wieder von seinen Erkundungsgängen auf unbekanntem, faszinierendem und immer auch bedrohlichem Terrain zur sicheren Basis zurückkehren zu können, um Energien für neue Erkundungen auftanken zu können. Eltern und Erzieherinnen, die das kleine Kind auf seinen Erkundungsgängen unaufdringlich beobachtend begleiten und bereit stehen, wenn es Nahrung, Zärtlichkeit, Trost, Ermunterung braucht, werden das **Selbstvertrauen** des Kindes wirksam stützen. Eltern und Erzieherinnen, die dem Kind Raum und Zeit geben, seine Welt zu entdecken, die an den eigensinnigen Suchbewegungen interessiert teilhaben und den Stolz und die Freude des Kindes an seinen eigenständigen Entdeckungen teilen, wird seine Selbstachtung und sein Selbstwertgefühl fördern.

Je nach **Lebenslage** haben Eltern sehr verschiedene Voraussetzungen, ihren Kindern diesen Raum, diese Zeit geben zu können. Je nach dem wie die Eltern selbst aufgewachsen sind und welche **sozial und kulturell geprägten Vorstellungen von Erziehung** sie ausgebildet haben, werden sie ein sehr unterschiedliches Verständnis von ihrer Elternrolle haben. Erzieherinnen können hier einen erheblichen familienergänzenden Ausgleich schaffen. Für die kindlichen Bildungsprozesse förderlich wird der Ausgleich dann sein, wenn er an der Familienkultur des Kindes anknüpft und sie erweitert, ohne sie zu leugnen oder abzuwerten. Eine für das Kind spürbare begrüßende und akzeptierende Haltung zu den Eltern ist unabdingbar.

In Krippe und Kindergarten sind Kinder zum ersten Mal in einer größeren Kindergemeinschaft, in der im Prinzip alle die gleichen Rechte und Möglichkeiten haben.

Hierin liegen die besonderen Voraussetzungen für das **Erleben von Demokratie**. Entdecken von Gemeinsamkeiten und Unterschieden innerhalb der Kindergemeinschaft, wechselseitiges Anerkennen von Rechten, eigenständiges Bearbeiten von Konflikten, Ringen um das, was fair ist und was ungerecht, kann nur in einer solchen Kindergemeinschaft geschehen. Erzieherinnen müssen sich bewusst sein, dass sie diese hochwirksame Qualität der Beziehungen in der Kindergemeinschaft dann stören, wenn sie sich zum ausschließlichen Bestimmer machen. Gleichzeitig tragen sie Verantwortung, dann einzugreifen, wenn ein Kind ein anderes in seinen Rechten verletzt.

Im Kindergarten spiegelt sich die Vielfalt unserer Gesellschaft wider. Verschiedene Familienkulturen kommen zusammen; verschiedene Vorstellungen unserer widersprüchlichen Gesellschaft werden durch die Familien und die einzelnen Teammitglieder repräsentiert. Der Kindergarten bietet die Möglichkeit, mit Kindern und Familien den Fragen nachzugehen, wie sich ihre Stadt, ihr Dorf, ihre Region entwickelt haben.

Kinder können dabei erfahren, wie sich Menschen für das Gemeinwohl einsetzen. Und sie können erleben, dass sie selbst Einfluss haben. Dazu ist es erforderlich, dass die Kinder ihr Leben im Kindergarten aktiv mitgestalten und sich auch Lernorte außerhalb des Kindergartens erschließen können.

■ Religiöse Bildung

Kinder stellen ungeniert Grundfragen des Lebens nach dem »Warum?« und »Wozu?«. Sie staunen über das, was sie wahrnehmen und wollen wissen, wie alles anfängt und endet. Kinder sind tief bewegt von allem Lebendigen und zugleich von der Frage nach Sterben und Tod. Sie fragen nachhaltig danach, wer sie sind und sein dürfen.

Kinder sind Suchende: Sie wollen den Rätseln, die sich ihnen auftun, auf den Grund gehen. Sie schaffen sich ihr eigenes Bild von der Welt, bilden Theorien und entwickeln gleichsam auch eine eigene Theologie. Die Frage nach Gott ist für sie in diesem Sinne eine zentrale Lebensfrage.

Kinder machen eigene Erfahrungen: Sie sind angewiesen auf vertrauensbildende Grunderfahrungen, die sie ein Leben lang tragen. Sie erleben in ihrem Alltag Verstehen und Verstanden werden, Angst und Geborgensein, Gelingen und Scheitern, Bindung und Autonomie, Mut und Hoffnung. Kinder setzen sich mit den Grunderfahrungen auseinander und brauchen eine Sprache, um diese für sich positiv zu verarbeiten. Ebenso bringen Kinder religiöse Erfahrungen aus dem Miterleben von Gemeinschaft, Festen, Ritualen und der Begegnung mit Zeichen und Symbolen mit. Eigenes und Fremdes wollen sie erschließen.

Kinder brauchen Hoffnung: Hoffnung wird nicht gelehrt oder anerzogen. Sie entsteht, sie entzündet sich an gelingendem Leben und kann wachsen und gedeihen. Aber: Wer Hoffnung hat, findet Kraft, das Leben zu gestalten und ist offen für Träume, Ideen und überraschende Erfahrungen.

Kinder gestalten ihr Zusammenleben: Sie entwickeln ein Bild von sich selbst und den anderen. Sie erleben sich in der Beziehung zu anderen Kindern und Erwachsenen. Sie erfahren

Möglichkeiten und Grenzen, mit anderen gemeinsam zu handeln, Konflikte auszutragen und zu bewältigen.

Erzieherinnen werden zu Lebensbegleitern der Kinder auch im Bereich religiöser Fragen. Religiöse Bildung ist Teil der allgemeinen Bildung und jeder Kindertageseinrichtung aufgegeben.«[1]

Kinderwelten sind heute immer auch **Medienwelten**. Im Kindergarten bearbeiten die Kinder ihre Medienerlebnisse, sie tauschen sie mit anderen Kindern aus und vergleichen ihre realen Erfahrungen mit Bildern und Fiktionen aus Fernsehen, Videos, Plakaten und Werbesprüchen. Im Kindergarten bearbeiten sie diese Eindrücke mit anderen Kindern. Auch wenn es Pädagoginnen manchmal gegen den Strich geht: Es macht keinen Sinn, die Medienerfahrungen der Kinder aus der Arbeit auszusperren. Ein medienfreier Kindergarten schützt vielleicht die Erzieherin vor unbequemen Auseinandersetzungen. Die Kinder schützt er nicht. Sie können sich ebenso wenig wie die Erwachsenen dem Einfluss der Medien entziehen. Sie können aber sehr wohl lernen, Medienerlebnisse mit ihren realen Erfahrungen zu vergleichen und Traum, Fiktion und Lebenswirklichkeit zu unterscheiden. Das wird allerdings nur gelingen, wenn auch die Medienerlebnisse der Kinder zum Gegenstand der pädagogischen Arbeit werden.

---

1   Vgl. Bildungs- und Erziehungsempfehlungen für Kindertagesstätten in Rheinland-Pfalz. Weinheim und Basel, 2004, S. 50ff.

Das Kind in seiner Welt

Analysefragen, die die Erzieherinnen mit Kindern bzw. Eltern erkunden:

Familie des Kindes

- Wer gehört zur engeren Familie? Hat das Kind Geschwister? In welcher Reihe steht es in der Geschwisterfolge?

- Welche weiteren Verwandten und andere Personen aus seinem Umfeld sind dem Kind wichtig?

- Sind Vater und/oder Mutter erwerbstätig, in Ausbildung, arbeitslos?

- Sind die Arbeitszeiten der Eltern regelmäßig? Bei Vater und Mutter? Welche Wegezeiten haben sie zum Arbeitsplatz?

- Verbietet die finanzielle Situation der Familien Gruppenaktivitäten mit hohen Kostenbeiträgen? Gibt es Unterstützungsmöglichkeiten?

- Hat die Familie Kontakt zu Verwandten, Freunden, in der Nachbarschaft oder kennt das Kind nur die engeren Familienangehörigen?

- Welche Migrationserfahrungen hat die Familie? Wo sind die Eltern/Großeltern aufgewachsen? Seit wann leben sie in der Region? Welchen Aufenthaltsstatus haben die Eltern? Welche Sprache(n) werden in der Familie gesprochen?

- Wie teilen sich die Familienangehörigen Erziehungsarbeit, Hausarbeit, Erwerbstätigkeit? In welchen Tätigkeiten erlebt das Kind Vater und Mutter im Familienalltag? Wer ist Hauptkontaktperson zum Kindergarten?

- Welche aktuellen oder besonderen Ereignisse beschäftigen die Familie, das Kind?

- Welche Erfahrungen mit Medien (Fernsehen, Video, Computer, Internet, …) macht das Kind zu Hause?

Wohnen

- Wie wohnt das Kind (Wohnung, Haus, Garten, Tiere, Zusammenleben mehrerer Generationen...)? Wie groß ist sein Freiraum (Platz für Eigenes, Bewegungsmöglichkeiten...)?

- Wodurch ist das Wohnumfeld gekennzeichnet (ländlich, städtisch)?

- Welche Erfahrungen (Spiel- und Bewegungsmöglichkeiten, Natur, interessante Menschen, faszinierende Orte, Angebote für Kultur und Bildung...) ermöglicht das Wohnumfeld dem Kind?

Kulturelle Zugehörigkeit des Kindes

- Welche Familientraditionen werden gepflegt? Wie wichtig ist es für das Kind, für die Eltern, dass diese Traditionen im Kindergarten berücksichtigt werden?

- Welcher kulturellen Gruppe gehört die Familie an? Welche Gepflogenheiten und Normen prägen das Familienleben? Worin gleichen bzw. unterscheiden sie sich von den Orientierungen der Erzieherinnen?

- Ist die Familie religiös gebunden? Welchen Einfluss hat das im Familienalltag? Welche allgemeinen Orientierungen ergeben sich daraus für die Erziehungsvorstellungen der Eltern? Worin gleichen bzw. unterscheiden sie sich von den Orientierungen der Erzieherinnen?

- Gibt es ausgeprägte geschlechtsspezifische Erwartungen in der kulturellen Tradition der Familie? Welchen Einfluss hat das auf das Verhalten der Jungen bzw. Mädchen im Kindergarten/zu Hause?

Die Bildungsbereiche

Ziele: Das Kind in seiner Welt

■ Ich-Kompetenzen
- Sich seiner Bedürfnisse, Ansprüche und Gefühle bewusst werden
- Eigene Bedürfnisse, Interessen und Gefühle angemessen zum Ausdruck bringen
- Vertrauen in die eigenen Kräfte entwickeln
- Sich zur Familie zugehörig fühlen
- Die eigene Biografie, Familiengeschichte und -tradition wahrnehmen und erkennen, dass die eigene Identität kulturell geprägt ist: Bei uns ist das so, weil...
- Mit Brüchen, Risiken und Widersprüchen leben; Übergänge und Grenzsituationen bewältigen

■ Sozial-Kompetenzen
- Erwartungen, Bedürfnisse und Gefühle anderer wahrnehmen; achtungsvoll miteinander umgehen
- Anerkennen, dass im Kindergarten evtl. andere Normen und Regeln gelten als in der Familie; begreifen, warum das so ist
- Die Folgen eigenen Verhaltens erkennen

■ Sach-Kompetenzen
- Dinge und Phänomene differenziert wahrnehmen, Gemeinsamkeiten und Unterschiede erkennen: Was ist in meiner Familie und im Kindergarten gleich, was ist anders? Warum ist das so? Was kann ich in meiner Familie tun, was im Kindergarten?
- Verallgemeinerungen, Begriffe bilden: Was bedeutet Familie? Was gehört zu einer Wohnung, was zu einem Kindergarten? Was gibt es in der Wohnumgebung: Häuser, Straßen, Fußwege, Spielplätze, Geschäft...?

■ Lern-Kompetenzen
- Erfahrungen und Vorstellungen ordnen und systematisieren
- Beziehungen und Zusammenhänge zwischen eigenem Verhalten und dem Verhalten anderer erkennen

Aufgaben der Erzieherinnen

■ **Im Alltag des Kindergartens, z.B.**
- Individuelle Begrüßung des Kindes und der Eltern
- Kurze Nachfrage, wie der Tag begonnen hat; beim Frühstück oder Morgenkreis z.B. Austausch über evtl. besondere Ereignisse in der Familie
- Individuelle Gespräche über belastende Situationen für das Kind
- In den Familien/der kulturellen Gruppe praktizierte Festtage aufnehmen
- Ess- und Trinkgewohnheiten der Familien berücksichtigen und evtl. erweitern: z.B. gesundes Frühstück, Speisevorschriften berücksichtigen
- Hygienevorstellungen der Familien berücksichtigen und evtl. erweitern; individuelle Verabschiedung des Kindes und der Eltern; kurze Mitteilung, wie der Tag verlaufen ist

■ **Spielmaterial und Spielanregungen, z.B.**
- Kreative Spiele zur Selbstdarstellung – ich fühle mich heute wie...
- Rollenspielaccessoires aus der Familienkultur des Kindes
- Eigene Spielmaterialien mitbringen lassen
- Namensspiele
- Traditionelle Kinderspiele, Verse und Reime. Lieder und Tänze aus den Familienkulturen des Kindes, in der Familiensprache

■ **Projektarbeit, z.B.**
- Wie sehe ich aus? Was mag ich gerne und was nicht? Was macht mir Freude, was macht mir Angst? Worüber werde ich wütend und was mache ich dann? Meine Familie und ich
- Wie wohne ich und was ist in meiner Wohnumgebung los? Auf den Spuren der Geschichte in meiner Wohnumgebung
- Wo haben meine Eltern/Großeltern gelebt als sie Kinder waren? Was war damals und dort anders als heute und hier?

■ **Raumgestaltung und Materialausstattung, z.B.**
- Familienfotos im Gruppenraum
- Fotos oder gemalte Bilder der Wohnhäuser der Kinder, regionale Stadtpläne/Bilder der Wohnumgebung
- Gebrauchsgegenstände und Einrichtungselemente aus den Familienkulturen der Kinder
- Bilderbücher, in denen die Familienkultur des Kindes vorkommt
- Eigentumsfächer für jedes Kind

Das Kind in der Kindergemeinschaft

Analysefragen, die die Erzieherinnen mit Kindern bzw. Eltern erkunden:

Zusammensetzung der Kindergemeinschaft

- Welche Gemeinsamkeiten und Unterschiede haben die Kinder hinsichtlich Hautfarbe, ethnischer Zugehörigkeit, Sprache, Religionszugehörigkeit?

- Gibt es Kinder mit besonderen körperlichen Merkmalen, mit Behinderungen oder sonstigen Beeinträchtigungen?

- Welche Gemeinsamkeiten und Unterschiede finden sich mit Blick auf die Familienformen?

- Welche Ausbildungen und Berufe haben die Eltern? Wie viele Familien sind von Arbeitslosigkeit betroffen?

- Welche sozialen Unterschiede gibt es in der Gruppe? Wie wirkt sich das im Kindergarten-Leben aus?

- Welche Familiengeschichten, welche Migrationserfahrungen können mit Kindern und Eltern bzw. Großeltern erschlossen werden?

- Wie unterschiedlich sind geschlechtsspezifische Rollenbilder und Erwartungen in den vertretenen Familienkulturen?

- Welche besonderen Interessen und Fähigkeiten haben Eltern, Großeltern und andere dem Kind wichtige Personen, die in das Kindergarten-Leben einbezogen werden könnten?

Soziale Beziehungen in der Kindergemeinschaft

- Welche Kinder leben in unmittelbarer Nachbarschaft? Welche Kinder haben auch außerhalb des Kindergartens Kontakt zu einander, welche Eltern?

- Welche Freundschaften, welche Interessensgemeinschaften und Interessensunterschiede in der Gruppe, in Untergruppen zeigen sich im Spiel, bei anderen Tätigkeiten in der Kindergemeinschaft? Gibt es Ausgrenzungen durch Kinder oder Eltern? Aus welchen Gründen?

- Welche geschlechtsspezifischen Gemeinsamkeiten und Unterschiede zeigen sich bei welchen Tätigkeiten? Gibt es geschlechtsspezifische Zuschreibungen oder Bewertungen zwischen Jungen und Mädchen? Kommt es zu Ausgrenzungen? Bei welchen Anlässen?

- Welche kulturspezifischen Gemeinsamkeiten und Unterschiede werden deutlich? Gibt es Zuschreibungen oder Bewertungen zwischen Kindergemeinschaften verschiedener ethnisch-kultureller oder religiöser Zugehörigkeit? Kommt es zu Ausgrenzungen? Bei welchen Anlässen?

Kindergarten-Kultur

- Welche Traditionen werden im Kindergarten gepflegt, woher kommen sie? Wie unterscheiden sie sich von den Familientraditionen?

- Welchen kulturellen Gruppen gehören die Erzieherinnen an? Welche Gepflogenheiten und Traditionen pflegen sie? Welche Gemeinsamkeiten und Unterschiede gibt es im Team? Welche Gemeinsamkeiten und Unterschiede bestehen im Vergleich mit den Familientraditionen der Kinder?

- Haben der Träger und das Team eine bestimmte religiöse, weltanschauliche Orientierung?

- Welche geschlechtsspezifischen und/oder kulturspezifischen Orientierungen spiegeln sich in der Raumgestaltung, der Materialauswahl und in den Aktivitäten?

Ziele: Das Kind in der Kindergemeinschaft

■ Ich-Kompetenzen
- Eigene Bedürfnisse, Interessen und Gefühle zum Ausdruck bringen; sich sprachlich mitteilen: sich mit anderen verständigen
- Sich zur Gruppe zugehörig fühlen; erkennen, was mich mit anderen verbindet, mich von anderen unterscheidet, was ich einbringen kann
- Sich eine Meinung bilden und andere Meinungen akzeptieren
- Erkennen, dass Kinder Rechte haben; sich trauen, für die eigenen Rechte einzustehen und sich gegen Ungerechtigkeit zu wehren

■ Sozial-Kompetenzen
- Anderen zuhören, sich einfühlen können, sich in die Perspektive eines anderen versetzen und darauf eingehen
- Sich über unterschiedliche Erwartungen verständigen, Konflikte aushandeln und wenn nötig Kompromisse schließen
- Kritik äußern und annehmen
- Normen und Regeln des Zusammenlebens im Kindergarten vereinbaren

■ Sach-Kompetenzen
- Unterschiede und Gemeinsamkeiten differenziert wahrnehmen: Was ist bei den anderen Kindern gleich, was ist anders?
- Verallgemeinerungen, Begriffe bilden: zu wiederkehrenden Abläufen im Kindergarten-Leben, zu den Dingen, die im Kindergarten-Leben wichtig sind und die Begriffe auf andere Bereiche übertragen
- Fertigkeiten in der Handhabung und Verarbeitung von Materialien, Werkzeugen und Gegenständen
- Interesse am Umgang mit elektronischen Medien entwickeln

■ Lern-Kompetenzen
- Im Austausch unterschiedlicher Erfahrungen und Meinungen zu verschiedenen Lösungswegen kommen
- Kooperieren und arbeitsteilig an einer gemeinsamen Sache arbeiten
- Bereit sein, von anderen zu lernen

Aufgaben der Erzieherinnen

- ■ Im Alltag des Kindergartens, z.B.
- Individuelle Eigenheiten der Kinder thematisieren: Vorlieben und Abneigungen, Wünsche und Ängste – was ist welchen Kindern gemeinsam, wo gibt es Unterschiede? Jedem Kind Gelegenheit geben, sich zu äußern
- Aufmerksam zuhören, individuelle Spielräume und Grenzen verdeutlichen
- Klare Orientierungen für den Tagesablauf geben: Wer kann was, wann, wo mit wem machen? Mit älteren Kindern den Tagesablauf gemeinsam planen
- Regelmäßige Auswertungen mit den Kindern: Wer hat im Kindergarten was erlebt? Was war schön, was hat geärgert, geängstigt oder traurig gemacht? Dafür unterschiedliche Ausdrucksformen wählen und darüber sprechen

- ■ Spielmaterial und Spielanregungen, z.B.
- Puppen, die die Persönlichkeit der Kinder spiegeln
- Evtl. Puppenbau mit Kindern und Eltern
- Gebrauchsgegenstände und Werkzeuge aus dem Familienalltag der Kinder
- Spiele und Lieder, mit denen Kinder ihre Gefühle ausdrücken können
- Ich-wünsch-mir-was-Spiele
- Geräte der Haushaltstechnik und technische Spielmaterialien

- ■ Projektarbeit, z.B.
- Jede Familie ist anders
- Wo wohne ich, wo wohnen die anderen? Wer wohnt in der Nachbarschaft – wie leben die Menschen in unserer Umgebung? Wie wohnen Familien in anderen Ländern? Gibt es auch woanders Kindergärten? Wie sehen die aus, was machen die Kinder dort? Berufe der Eltern – evtl. Besuche am Arbeitsplatz der Eltern

- ■ Raumgestaltung und Materialausstattung, z.B.
- Gestaltung der Räume mit Kindern und Eltern
- Kinderbücher, in denen Grundgefühle im Kinderalltag thematisiert sind: Freude, Angst, Trauer, Wut
- Vielfalt an zweckfreien Materialien zum Experimentieren und Gestalten
- Werkzeuge aller Art
- Podeste/Bühnen für Darstellungen
- Große Stoffbahnen

Weltgeschehen erleben, Welt erkunden

Analysefragen, die die Erzieherinnen mit Kindern bzw. Eltern erkunden:

Orte kulturellen Lebens, kulturelle Ereignisse, kulturelle Veranstaltungen im Umfeld

- Welche Menschen leben in der Nachbarschaft, was haben sie gemeinsam, was tun sie miteinander, was trennt sie?

- Welche Angebote für Kinder und Familien gibt es (Bibliotheken, Museen, Kirchen, Sportvereine, Angebote der Jugendhilfe, Märkte, Kinderbuchläden, Kinderkino…)? In welchem Alter sind sie für Kinder interessant? Was kennen die Kinder, die Eltern?

- Welche Orte mit historischer Bedeutung, Orte mit Denkmalcharakter, alteingesessene Familienbetriebe gibt es? Was können Kinder hier entdecken?

- Welche Bedeutung haben lokale Traditionen und Feste für eine Kinderkultur?

- Welche Erfahrungsräume für Kinder verschwinden, kommen neu hinzu, verändern sich?

- Welche Bilder von Angehörigen verschiedener Religionen, Kulturen, benachbarter (Bundes-)Länder vermittelt die Umgebung (Familie, Kindergarten, Umfeld, Medien) den Kindern?

Geschichte der Region

- Wie hat Geschichte das soziale und kulturelle Leben am Wohnort geprägt und verändert? Wie war das, als die Eltern, die Großeltern Kinder waren?

- Was hat Veränderungen bewirkt? Wer war daran beteiligt?

Soziales und kulturelles Leben und bedeutsame Ereignisse anderswo

- Welche Erfahrungen machen Kinder an anderen Orten innerhalb und außerhalb Deutschlands? Welche Gemeinsamkeiten mit ihrem und welche Unterschiede zu ihrem Leben stellen die Kinder fest?

- Was verbinden Kinder mit den Herkunftsorten von Eltern, Großeltern, anderen Verwandten, Freunden? Was vermitteln ihnen Erzählungen, mitgenommene Traditionen und Gewohnheiten, Gegenstände? Was ist Kindern daran wichtig?

- Welche Ereignisse in der Welt sind bedeutsam für die Kinder? Welche erwecken freudige Neugier, machen Spaß oder stimmen traurig? Welche machen Angst? Welche wecken Mitgefühl und lösen Hilfsbereitschaft aus?

- Welche Medienerfahrungen (Krieg, Gewalt, Katastrophen, Rollenklischees, Werbung und Konsum…) haben die Kinder und wie verarbeiten sie diese Erfahrungen?

- Wie erweitern Medien den Erfahrungshorizont von Kindern (unbekannte Lebenswelten, andere Lebensweisen, Klang und Schriftbild unbekannter Sprachen, faszinierende Landschaften, Vielfalt von Tier- und Pflanzenwelt, naturwissenschaftliche Grunderfahrungen…)?

Ziele: Weltgeschehen erleben, Welt erkunden

■ Ich-Kompetenzen
- Das Bewusstsein entwickeln, selbst etwas bewirken zu können
- Sich als aktives Mitglied einer Gemeinschaft begreifen
- Ideen entwickeln, Initiative ergreifen, andere begeistern, sich durchsetzen
- Neugierig und offen sein für Erfahrungen, Wissen, Informationen
- Mit Medienangeboten kritisch umgehen

■ Sozial-Kompetenzen
- Die Verschiedenheit und Unterschiede in den Interessen zwischen Kindern untereinander sowie zwischen Kindern und Erwachsenen wahrnehmen und anerkennen
- Die Verschiedenheit der Interessen unterschiedlicher Gruppen am Wohnort wahrnehmen und anerkennen
- Für verschiedene Lebensformen aufgeschlossen sein; die kulturellen und religiösen Verschiedenheiten im Leben von Menschen wahrnehmen, anerkennen und achten
- Medien als Kommunikationsmittel über Regionen und Grenzen hinweg begreifen

■ Sach-Kompetenzen
- Verallgemeinerungen, Begriffe bilden: Vergangenheit, Gegenwart, Zukunft; geografische Grundbegriffe
- Sicheres Verhalten im Straßenverkehr und bei der Nutzung öffentlicher Verkehrsmittel
- Den Unterschied zwischen eigenem Erleben und Medienproduktionen erkennen

■ Lern-Kompetenzen
- Grundverständnis dafür entwickeln, dass die eigenen Ansichten nicht richtig sein müssen und dass es sich lohnt, mit anderen darüber zu streiten
- Entscheidungsstrukturen kennen: Wer kann was mitbestimmen?
- Elektronische Medien gezielt für den Erwerb von Wissen und Informationen nutzen und ggf. Hilfe von Experten holen
- Erkennen, dass Bildung die eigenen Handlungs- und Entscheidungsmöglichkeiten erweitert

Aufgaben der Erzieherinnen

- ■ Im Alltag des Kindergartens, z.B.
- Dinge des täglichen Bedarfs einkaufen mit Kindern auf dem Wochenmarkt, in Geschäften, in denen Familien einkaufen
- Sich an Initiativen und Festen im Umfeld beteiligen; Verkehrsmittel erkunden – bis zur jeweiligen Endstation fahren und Vergleiche anstellen zwischen dort und hier
- Markante Orte unterwegs erkunden
- Fahrpreise in Erfahrung bringen
- Gefahrenpunkte im Umfeld erkunden
- Verhaltensmöglichkeiten erproben
- Anlaufstellen für Kinder recherchieren: Wo können Kinder Unterstützung erwarten, an wen können sie sich wenden? Kommunalpolitiker/innen einladen und mit Kindern ins Gespräch bringen

- ■ Spielmaterial und Spielanregungen, z.B.
- Stadtpläne/Landkarten, Bau- und Konstruktionsmaterial für historische und futuristische Konstruktionen
- Gebrauchsgegenstände aus verschiedenen historischen und kulturellen Kontexten
- reichhaltige Rollenspielaccessoires
- Sammlungen von Naturmaterial und verschiedenem kostenlosen Material

- ■ Projektarbeit, z.B.
- Erkundungen aus der Sicht und auf Augenhöhe der Kinder: Was ist hier interessant? Fotodokumentationen
- Historische Recherchen, Museumsbesuche: Wie haben Kinder in der Eltern-/Großelterngeneration hier gelebt, was war schon da, was ist nicht mehr da, was ist neu? Was wurde von den damaligen Kindern anders genutzt/bewertet? Warum? Bekanntmachen mit dem Kulturerbe
- Lokalzeitungen und Radio für Reportagen nutzen; Zukunftsvisionen entwerfen: Wie wollen wir als Erwachsene, wie sollten unsere Kinder hier einmal leben können? Hält Werbung, was sie verspricht?

- ■ Raumgestaltung und Materialausstattung, z.B.
- Große Flächen und Baumaterial für architektonische Entwürfe von Modellen
- Große Kartons, Stoffbahnen
- Fotos von Beispielen ungewöhnlicher Architektur, von bekannten Bauwerken
- Technische Medien: Telefon, Fotoapparat, Video, Computer mit Internetzugang
- Ausstellungsflächen in Rathäusern, Gemeindezentren und anderen öffentlichen Gebäuden nutzen
- Plakatflächen nutzen: Sponsoren (Werbeträger) ansprechen

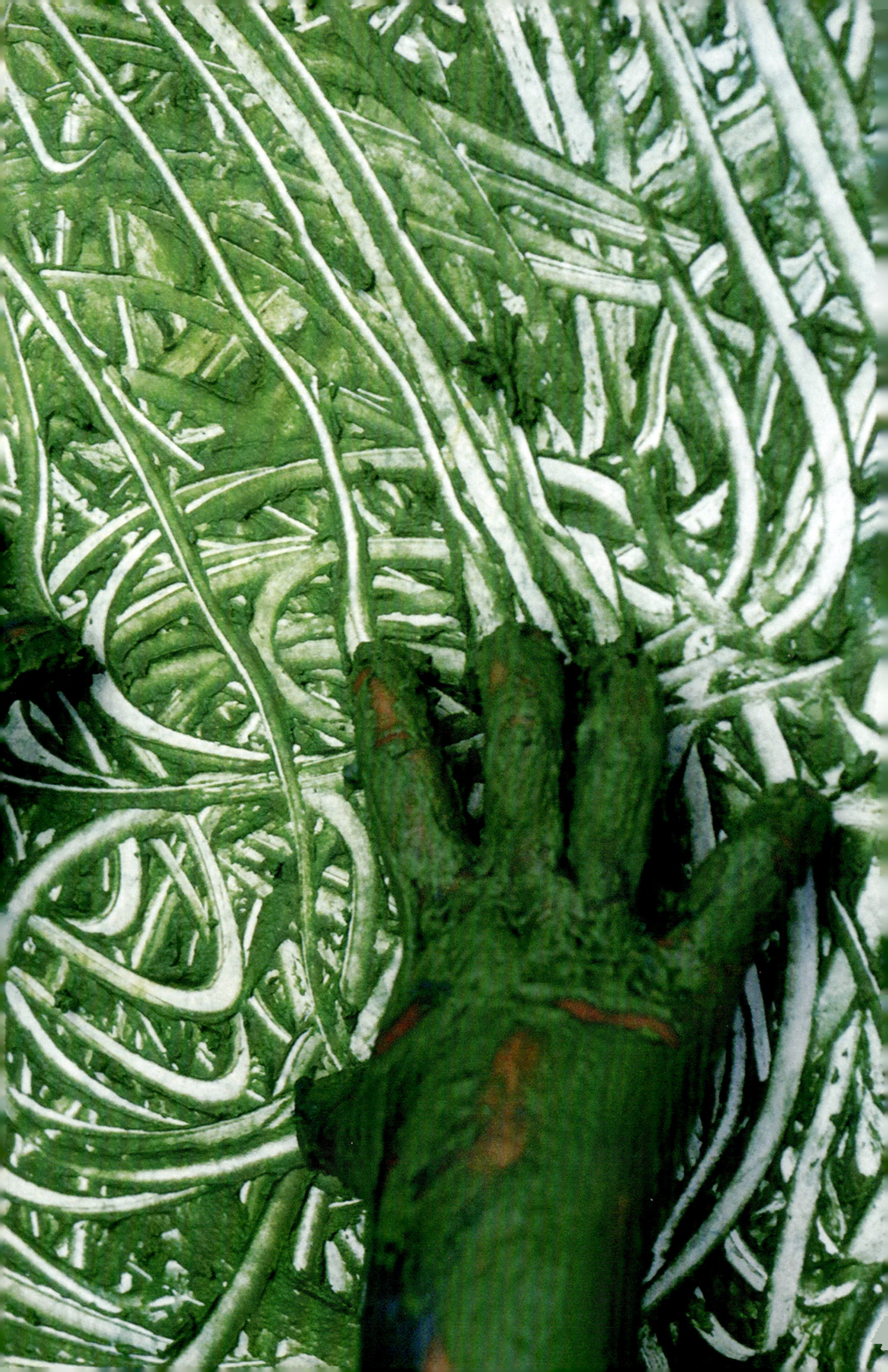

Bildungsbereich
Sprache und Schrift

Frére Jacques, Bruder Jakob, dormez vous, schläfst du noch?

Die Entwicklung von Sprache und Sprechen beginnt mit der Geburt und durchläuft in den Jahren darauf »stürmische« Phasen, in denen das Kind in einem rasanten Tempo das Sprachsystem aufbaut und gleichzeitig selbst aktiv zu kommunizieren beginnt. Verknüpft mit der allgemeinen Entwicklung und den Bildungsfortschritten des Kindes differenzieren sich die sprachlichen Fähigkeiten zunehmend. In der Regel kommen zu der Sprache, die das Kind in seiner Familie erlernt hat, weitere hinzu. Bereits in den ersten Lebensjahren entdeckt es Symbole und Schrift.

Aufbau von Sprache und Kommunikationsfähigkeit (und später der Schrift) ist die zentrale Voraussetzung für die Entwicklung der individuellen und sozialen Persönlichkeit – allerdings bildet sich Sprache nur in der Interaktion mit der das Kind umgebenden Welt. Während der ersten Lebensjahre verläuft dieser Prozess quasi wie »von selbst« – sofern das Kind entsprechende Bedingungen vorfindet. Viele Entwicklungsbereiche stehen dabei in enger Beziehung zueinander: So wird z.B. der Begriff »Schnee« nur dann auch im Sommer eine konkrete Vorstellung hervorrufen, wenn das Kind bei Winterwetter Gelegenheit hatte, im Schnee herumzutollen, mal davon zu probieren, einen Schneeball zu werfen, kalte Hände dabei zu bekommen und die grauen Pfützen zu sehen, in denen die Schuhe stehen, wenn es wieder drinnen ist. Sprachliche Bildungsprozesse werden beim kleinen Kind im natürlichen Zusammenhang der Lebenswelt, also auch in allen Bereichen des Kindergartenlebens herausgefordert. Gleichzeitig ist der Erwerb von Sprache ein eigener Bildungsbereich, der einer eigenen Entwicklungslogik folgt.

■ **Teilbereiche sprachlicher Entwicklung und kindlichen Sprechens:**

- Wortschatz: Kinder müssen die Begriffe für die Dinge, Ideen, Sachverhalte ... ihrer Lebens- und Gedankenwelt kennen lernen (vor dem Begriff kommt das Begreifen, vor dem Begreifen kommt das Greifen);
- Artikulation: Um verstanden zu werden, müssen sie die Laute und Lautkombinationen, die in ihrer Sprache vorkommen, korrekt formen können;
- Zuhör- und Merkfähigkeit: Sie müssen genau hinhören, Klangfarben erkennen und sich das Wahrgenommene merken, um ihre eigenen Äußerungen zu vergleichen und zu verbessern;

- Mimik und Gestik/nonverbale Signale: Sie lernen, wie sie verbale Äußerungen durch Mimik und Gestik sowie andere nonverbale Signale begleiten;
- Situationen, in denen bestimmte sprachliche Inhalte oder Situationen vorkommen (vor allem für Kinder, die zwei- oder mehrsprachig aufwachsen)
- Grammatik – Syntax: Kinder müssen die Regeln und Strukturen des Sprachsystems zunächst erfassen, um selbst eigene Äußerungen bilden zu können;

■ Fördernde Bedingungen für die sprachliche Entwicklung des Kindes:

- Kinder brauchen Ermunterung und die Erfahrung: »Ich werde gehört, mir wird zugehört, ich werde verstanden«. Nicht die grammatikalisch korrekte Form einer Äußerung garantiert Verständnis (»Hundert Sprachen hat das Kind« – Malaguzzi). Die Erfahrung des Kindes, dass es mit einem Einwort-Satz eine von ihm gewünschte Handlung eines Erwachsenen auslösen kann, motiviert dazu, die eigene Leistung zu verbessern. Gelingt Verständigung nicht auf Anhieb, so helfen Zugewandtheit, Blickkontakt und geduldiges Interesse, bei der Suche nach dem richtigen Wort oder Satz. Die Ermunterung muss vor allem dem Willen des Kindes gelten, sich auszudrücken und verständlich zu machen, nicht primär einer korrekten Form. Kinder, die dauerhaft keine positive Resonanz von Erwachsenen erhalten (weil sie nicht »ordentlich« sprechen), geben auf, sie verstummen.
- Kinder entwickeln Sprache und Sprechen in der Interaktion mit Personen – im Dialog. »Tausend Fragen hat das Kind« – und es will Antworten hören von Erwachsenen und den anderen Kindern. Dadurch erweitert es seinen Wortschatz; es vergleicht gehörte Laute mit denen, die es selbst äußern kann; es schimpft mit seiner Puppe so, wie es die Mutter mit ihm getan hat; es sucht nach Erklärungen, warum das Kaninchen gestorben ist; es muss ein Erlebnis unbedingt loswerden; es entwickelt Hörverstehen beim Vorlesen, im Rahmen von Gesprächen, indem es Unterhaltungen der Erwachsenen »belauscht«.
- Kinder entwickeln Sprache und Sprechen in konkreten Handlungskontexten – nicht losgelöst in »künstlichen« Situationen. Kinder, die in ihrer Lebensumwelt vielfältig agieren können, lernen die entsprechenden sprachlichen Handlungen nebenbei mit. Erlebnisse, die z.B. nur medial vermittelt sind, stellen einen ungenügenden Ersatz dar. Fahrrad fahren lernen Kinder nicht, wenn sie im Fernsehen die Tour de France verfolgen. Dagegen entwickeln sie ein Wortfeld dann, wenn sie z.B. ein lebendes Kaninchen versorgen, den Stall säubern, Grünfutter sammeln, mit dem Tierarzt telefonieren usw. Je interessanter und anregender die Lebensumwelt gestaltet ist, desto umfangreicher sind die sprachlichen Herausforderungen.

■ Aufgaben der Erzieherinnen in diesem Lernprozess:

Ganz wichtig ist, das Kind durch individuelle Wahrnehmung dazu anzuregen, seine sprachlichen und sprechtechnischen Fähigkeiten zu differenzieren. Ausgehend von dem, was das Kind schon kann, greift die Erzieherin seine Äußerungen auf, erweitert sie und bietet dem Kind eine gute Form und eine nächste Stufe der Entwicklung an (handlungsbegleitendes Sprechen, corrective feedback). Genaue Beobachtungen der Kinder zeigen der Erzieherin, wofür sie sich interessieren, was sie beschäftigt und geben ihr Hinweise, welche neuen sprachlichen Hand-lungen oder Begriffe »gebraucht« werden (z.B. um während eines Ausflugs einen unbekannten Weg erfragen zu können).

Sprachvorbild sein
Die Erzieherin muss sich vor allem darüber bewusst sein, dass sie ein wirksames Vorbild ist. Die Kinder orientieren sich an ihrer Ausdruckskraft, ihrer Sprechfreude, ihrer Lautung, ihrem Interesse und Umgang mit anderen Sprachen. Im Hinblick auf diese Vorbildfunktion sollte sie ihr Alltagshandeln selbstkritisch überprüfen und sich ein Feedback von Kolleginnen erbitten. Als anregende Bildungsumwelt im Sinne von Sprachförderung wirkt die Kommunikation der Erwachsenen untereinander – die Kommunikationskultur im Haus.

Sprachliche Entwicklungsfortschritte dokumentieren
Die Erzieherinnen halten die sprachliche Entwicklung der Kinder fest: z.B. in Form eines Tagebuches, das auch den Kindern selbst und ihren Eltern Fortschritte deutlich macht. Die Aufzeichnungen dienen als Grundlage für regelmäßige Entwicklungsgespräche mit den Eltern.

■ **Hochdeutsch, Dialekt, Mundart und nicht-deutsche Herkunftssprachen:**

Sind die Kinder im Alltag vorwiegend mit einem Dialekt oder einer mundartlichen Sprechweise konfrontiert, ist es Aufgabe der Erzieherinnen, mit den Kindern regelmäßig Hochdeutsch zu sprechen, damit sie dieses frühzeitig kennen lernen. U.a. für den Aufbau der Schriftsprache ist es wichtig, dass die Kinder die Standardlautung gut kennen (z.B. durch regelmäßiges Vorlesen, Singen, Erlernen von Gedichten, Geschichten erzählen, Gespräche mit Außenstehenden), auch wenn sie untereinander oder im Gespräch mit der Erzieherin vorwiegend mundartlich sprechen. Erzieherinnen sollten Sprachen, die die Kinder sprechen, nicht bewerten, sondern ihnen mit Interesse und Anerkennung begegnen. Kinder, die eine andere Familiensprache, als deutsch sprechen, sollten unterstützt werden, auch diese weiter zu pflegen.

■ **Chancen der Mehrsprachigkeit und frühes Erlernen einer zweiten Sprache:**

Frühe Zweisprachigkeit ist erklärtes Ziel der saarländischen Bildungspolitik. Bilinguale und bikulturelle Kindergärten sind Teil dieses Konzepts. Im Rahmen eines Projekts »Zweisprachige Kindergärten« erlernen die deutschen Kinder die französische Sprache von muttersprachlichen Erzieherinnen nach dem Prinzip »eine Person – eine Sprache«. Auch hierbei gilt, dass primär Ausdruck und Verständigung – nicht formale Korrektheit – als Leistung gewertet und anerkennend aufgenommen werden. Neue Forschungsergebnisse haben gezeigt, dass der Erwerb einer zweiten Sprache durch junge Kinder auch deren allgemeine kognitive Entwicklung und die ihrer Erstsprache fördern. Das bestätigen auch die Erfahrungen mit Kindern, die unter fördernden Bedingungen sehr schnell zusätzlich zu ihrer Familiensprache eine weitere Sprache lernen.

■ **Schrift und Zeichen:**

Die Entdeckung von Zeichen, Buchstaben und Ziffern ist eine weitere Erkenntnis und ein großer Bildungsfortschritt auf dem Weg zu abstrahierendem Denken. Es ist nicht Aufgabe von Erzieherinnen, die Kinder das Alphabet zu lehren. Sie sollten aber das Interesse, das Kinder an Schrift, Schriftkultur und Zahlen im Vorschulalter zeigen, wahrnehmen und unterstützen. Thematische Projekte können die Neugier der Kinder aufgreifen und anfachen.

■ **Sprachstörungen und Sprachbehinderungen/gezielte Sprachförderung/ »Hören-lauschen-lernen«/Konzept »Früh Deutsch lernen«:**

Die gezielte Beobachtung der Kinder ermöglicht den Erzieherinnen, Verzögerungen oder Behinderungen in der Sprachentwicklung festzustellen. Gegebenenfalls muss kollegiale Unterstützung und professioneller Rat durch Fachkräfte von außen eingeholt werden. In Abstimmung mit ihnen und den Eltern des Kindes werden bei Bedarf gezielte Maßnahmen eingeleitet. Das Saarland unterstützt die integrative Erziehung – somit auch die von sprach- und hörbehinderten Kindern in Regeleinrichtungen.

Zur frühen Prävention von Lese-Rechtschreib-Schwächen wird seit Ende 2002 das Würzburger Trainingsprogramm »Hören-lauschen-lernen« in Kindertageseinrichtungen erprobt. Die Erzieherinnen werden vor Anwendung des Programms fortgebildet und bei der Umsetzung begleitet. Die Fähigkeit, Laute differenziert wahrzunehmen, kann im Kindergarten vielfältig gefördert werden, z.B. auch durch musikalisch-rhythmische Erziehung.

Ende des Jahres 2003 wurde das landesweite Pilotprojekt »Früh Deutsch lernen« durch das Bildungsministerium gestartet. Zielgruppe sind hauptsächlich Kinder, deren Erstsprache nicht Deutsch ist und die demnächst in die Schule aufgenommen werden sollen. Im Rahmen eines Sprachstandstests werden die Sprachfähigkeiten geprüft und bei Bedarf ein Vorkurs in einer ausgewählten Kindertageseinrichtung oder in der Schule angeboten. Die Kurse werden von spezialisierten Förderlehrern durchgeführt und sollen den Übergang in den Regelunterricht am Wohnort der Kinder ermöglichen.

Das Kind in seiner Welt

Analysefragen, die die Erzieherinnen mit Kindern bzw. Eltern erkunden:

■ Zur sprachlichen Entwicklung und zum Sprechen des Kindes

- Spricht es viel und gerne? Ist es eher zurückhaltend und beobachtend?
- Welche Gelegenheiten zur Kommunikation nimmt das Kind wahr?
- Wie kommunikativ und engagiert ist das Kind in verschiedenen Situationen bei der Sache?
- Bevorzugt es bestimmte erwachsene Personen und/oder bestimmte Kinder, mit denen es vorwiegend spricht?
- Wie entwickelt sich sein Wortschatz?
- Wie ausgeprägt sind Mimik und Gestik?
- Hat es Freude an Versen, Reimen, Gedichten, Nonsenswörtern?
- Wie agiert es in Rollenspielen?
- Beteiligt es sich aktiv an musikalischen und rhythmischen Aktivitäten?
- Welche Bücher mag es? Schaut es gerne Bücher an? Hört es gerne Kassetten?
- In bilingualen Kindertagesstätten: Nimm es gerne und freiwillig an den zweisprachigen Angeboten teil? Nimmt es aktiv Kontakt mit der französischsprachigen Erzieherin auf? Äußert es sich spontan in der französischen Sprache? Zeigt es Interesse an den bikulturellen Projekten?

■ Sprache und Sprechen in der Familie des Kindes

- Welche Sprache(n) werden in der Familie des Kindes gesprochen? Spricht die Familie untereinander in Mundart oder Dialekt?
- Hat es Geschwister, die u.U. als Sprachvorbilder fungieren?
- Ist das Kind sprachlich durchsetzungsfähig? Weiß es, was es will? Will es mitreden? Fragt es allen »Löcher in den Bauch«?
- Gibt es Anekdoten oder Geschichten zur Sprachentwicklung des Kindes?

- Weiß das Kind etwas über seinen Namen?

- Welche Medien nutzt das Kind? Hat es (zu Hause) Zugang zu Computern und Fernsehen?

- Wie verlief die sprachliche Entwicklung des Kindes bis zum heutigen Zeitpunkt?

- Liebt es das Kind, wenn ihm vorgelesen wird? Hört es gerne »Familiengeschichten«?

- Besuchen die Eltern mit dem Kind eine Bibliothek?

- Wie ist der Sprachgebrauch der Kinder mit nicht-deutscher Muttersprache: Wie sprechen sie im Kindergarten? Wie gehen die Erzieherinnen mit dem Sprachverhalten nicht-deutsch sprechender Kinder um?

- Wie ist der Sprachkontakt mit den Eltern der Kinder, die nicht Deutsch sprechen?

- Was weiß man über die Sprachförderung in den Familien, die nicht Deutsch sprechen?

Ziele: Das Kind in seiner Welt

■ **Ich-Kompetenzen**
- Eigene Bedürfnisse, Interessen und Gefühle ausdrücken können (in Deutsch und Erstsprache)
- Sich anderen sprachlich mitteilen: Ich habe etwas zu sagen
- Freude haben am Gebrauch von Sprache, in Gesprächen, Geschichten, Liedern, Reimen, Gedichten usw.
- Sich der Familiensprache als Teil der eigenen Identität bewusst sein
- Zutrauen haben in die eigenen sprachlichen Kompetenzen (in Deutsch und anderen Sprachen): Ich kann sprechen, singen, zuhören, verstehen...
- Sich mit Namen vorstellen, in Deutsch und in einer weiteren Sprache (Erst- oder Fremdsprache)

■ **Sozial-Kompetenzen**
- Sich mit anderen verständigen: Aufmerksam zuhören und auf das Gehörte mit Kommentaren, Handlungen und Fragen reagieren, in Gesprächen das Wort ergreifen, Konflikte aushandeln können
- Den unterschiedlichen Sprachen Wertschätzung und Neugier entgegenbringen

■ **Sach-Kompetenzen**
- Sprachliche Äußerungen genau wahrnehmen, den Inhalt verstehen und die Gedanken sinnvoll, sprachlich treffend und grammatikalisch richtig wiedergeben; Laute und Lautverbindungen differenziert hören und bilden
- Laute kennen, die es nicht im Deutschen, aber in anderen Sprachen gibt
- Fertigkeiten in der Handhabung von Zeichen- und Schreibutensilien
- Den eigenen Namen schreiben
- Bezeichnungen für die Sprache im Kindergarten – Hochdeutsch – und für die Sprache zu Hause – für eine weitere Sprache – kennen
- Erzählungen und Geschichten auch ohne Veranschaulichung folgen
- Interesse an Büchern und am Lesen entwickeln
- Ereignisse nacherzählen, selbsterfundene Geschichten erzählen, einen Reim machen, über einen Plan/eine Handlungsabsicht sprechen

■ **Lern-Kompetenzen**
- Nach der Bedeutung von Worten oder Sätzen fragen
- In Situationen die gültigen Codes der Verständigung erkennen und gebrauchen

Aufgaben der Erzieherinnen

■ Im Alltag des Kindergartens, z.B.
- Gespräche mit einzelnen Kindern und mit kleinen Gruppen führen, dazu Themen der Kinder identifizieren und ansprechen
- Das eigene Tun sprachlich begleiten, sprachliche Äußerungen der Kinder erweitern
- Fingerspiele, Schmuseverse und Kniereiter mit den Kleinen anregen
- Sprachliche Rituale einführen, z.B. Reime bei Tisch, Willkommenslied am Morgen in verschiedenen Sprachen, Auszählverse für bestimmte Aufgaben, Namensspiele zur Übung der Aussprache der Namen; Tischgespräche ermutigen
- Regelmäßig Vorlesen, in Kleingruppen

■ Spielmaterial und Spielanregungen, z.B.
- Rhythmusbetonte Tanz-, Sing- und Kreisspiele, auch in den Familiensprachen der Kinder
- Handpuppen oder »Persona Dolls« (= Puppen mit einer Biografie)
- Szenisches Spiel: Erlebnisse nachspielen, Geschichten aus Büchern nachspielen, Szenarien mit Spielfiguren entwickeln, Rollenspiele mit Verkleidungen und Gegenständen anregen
- Spiele selbst herstellen, z.B. Memories (aus Fotos der Kinder, ihrer Spielsachen, ihrer Schmusetiere) oder Puzzles (aus Gruppenfotos oder Zeichnungen der Kinder)

■ Projektarbeit, z.B.
- »Mein Name«: Bedeutung, Aussprache, Schreibweise, wer ihn mir gegeben hat, dokumentiert als Plakat oder in einem Buch, gemeinsam mit den Eltern
- »Meine Sprache(n)«: Erstellung von individuellen Sprachbiografien auf der Grundlage von fortlaufenden Beobachtungen, als Leporello oder Buch, in Zusammenarbeit mit Eltern

■ Raumgestaltung und Materialausstattung, z.B.
- Kleine Tischgruppen (4-6 Kinder) für die Mahlzeiten, um Tischgespräche zu ermöglichen
- Fotos von den Kindern (Porträts und bei diversen Tätigkeiten) und von ihren Bezugspersonen (»Familienwände«) als Sprechanlässe
- Beschriftungen überall im Gruppenraum in mehreren Sprachen, in großer Schrift (Wochentage, Blumendienst, Geburtstagskalender usw.), mit farblicher Kennzeichnung der Sprachen (z.B. Deutsch = gelb, Türkisch = grün usw.)

Das Kind in der Kindergemeinschaft

Analysefragen, die die Erzieherinnen mit Kindern bzw. Eltern erkunden:

■ Sprachliche Voraussetzungen in der Kindergemeinschaft

- Gemeinsamkeiten und Unterschiede hinsichtlich Familiensprachen (auch Mundarten und Dialekte)

- Wie viele Familien sind mehrsprachig; welche Sprachen sind vertreten?

- Welche Kompetenzen bzw. sprachlichen Ressourcen haben Eltern/Geschwister/Großeltern, die in das Kindergarten-Leben einbezogen werden können (z.B. für Vorlese-Aktionen, als »native-speaker«, Übersetzung von Texten, Ausflüge und Exkursionen, etc.)

- Gibt es Kinder oder Erwachsene, die Gebärdensprache oder Blindenschrift kennen und nutzen oder erlernen?

■ Interaktion in der Kindergemeinschaft

- Welche Kommunikationsformen und -situationen kann man unter den Kindern beobachten?

- Gibt es sprachdominante Kinder und solche, die wenig zu Wort kommen?

- Worüber sprechen die Kinder gerade? Sind ihre Gespräche handlungsbezogen? Führen die Kinder miteinander Gespräche über für sie wichtige »Lebensfragen«? Tauschen sie Geheimnisse aus, von denen die Erwachsenen ausgeschlossen sind?

- Wie gelingt es den Kindern altersentsprechend Interessengegensätze, Streit und Auseinandersetzungen sprachlich zu lösen?

- Haben die Kinder Lust an der Sprache und stecken sie sich damit untereinander an (z.B. mit Quatschversen, Zungenbrechern, Geheimsprachen...) In welchen Sprachen unterhalten sich die Kinder miteinander? Wer spricht mit wem in welcher Sprache?

- Werden Kinder über Sprache und Sprachverständnis ausgegrenzt? Werden Kinder mit Sprachstörungen gehänselt?

- Werden Kinder, die bestimmte Mundarten, Dialekte oder Sprachen sprechen, gehänselt oder z.B. vom Spiel ausgeschlossen?

■ Interaktion zwischen Erwachsenen und Kindern in der Kindertageseinrichtung

- Herrscht ein kommunikatives Klima in der Kindertageseinrichtung oder eher »Schweigen im Walde«?

- Sind die Rahmenbedingungen so gestaltet, dass alle Kinder Ausdrucksmöglichkeiten finden (oder ist es sehr unruhig, der Lärmpegel hoch, sind die Kinder abgelenkt, fallen sich ins Wort, lachen einander aus...)?

- In welchen Situationen und welchem Rahmen sprechen Erwachsene mit Kindern und umgekehrt? Wie sind die Gesprächsanteile zwischen (einzelnen) Kindern und Erwachsenen verteilt? Werden außenstehende Erwachsene einbezogen?

- Werden die Kinder regelmäßig an der Alltagsgestaltung, Planung, Aushandlung von Regeln, an Konfliktlösungen beteiligt? Haben sie ein Mitspracherecht? In welchen Bereichen? Werden sie in ihren Meinungsäußerungen ernst genommen?

■ Kommunikations- und Schriftkultur im Kindergarten

- Woran erkennt man beim Betreten des Kindergartens die Wertschätzung für die Sprachkompetenzen der Kinder und von Mehrsprachigkeit?

- Wird die sprachliche Entwicklung der Kinder im Kindergarten dokumentiert/transparent gemacht?

- Wie wird die Neugier der Kinder an der Schriftsprache aufgenommen, geweckt und gefördert?

- Wie kommunizieren die Erwachsenen untereinander (im Team, mit Eltern, mit anderen Erwachsenen)? Geben sie den Kindern ein gutes Vorbild?

Ziele: Das Kind in der Kindergemeinschaft

■ **Ich-Kompetenzen**
- Eigene Bedürfnisse, Interessen und Gefühle ausdrücken können (in Deutsch und der Familiensprache); sagen, wenn Worte wehtun; für eigene Ideen werben
- Sich mit anderen verständigen, anderen sagen, was man denkt, weil man etwas einbringen kann
- Sich seiner sprachlichen Identität (Familiensprache(n), Zugehörigkeit zur Sprachengruppe) bewusst werden
- Freude am Gebrauch von Sprache, Sinn für Sprachwitz entwickeln

■ **Sozial-Kompetenzen**
- Kontakt zu anderen herstellen und erhalten, anderen zuhören; sich einfühlen können, sich in die Perspektive eines anderen versetzen und darauf eingehen; Gedanken von anderen verstehen und bedenken
- Zu gelingender Verständigung beitragen (»übersetzen«, Konfliktaushandlung, Schwächere unterstützen)
- Unterschiedliche Sprachen wahrnehmen und anerkennen
- Nicht dulden, dass jemand wegen seiner Sprache gehänselt oder ausgeschlossen oder mit Worten verletzt wird

■ **Sach-Kompetenzen**
- Sprachliche und nichtsprachliche Konventionen wie Begrüßungen, sich bedanken, gratulieren usw., in Deutsch und auch in einer anderen Sprache beherrschen
- Etwas einmal mit Handlungen und einmal nur mit Worten erklären
- Sprachliche Erscheinungen differenziert wahrnehmen: Wie heißt etwas in der einen und anderen Sprache? Was ist gleich, was ist verschieden? (Sprach- und Schriftvergleiche anstellen)
- Fertigkeiten in der Handhabung von Schreibgeräten
- Namen der anderen Kinder richtig aussprechen und »lesen« können
- Zeichen für Gruppenregeln finden und vereinbaren
- Ereignisse nacherzählen, Geschichten ausdenken und erzählen, über Vergangenes, Gegenwärtiges, Zukünftiges sprechen, Bücher »vorlesen«

■ **Lern-Kompetenzen**
- Nachfragen, wenn andere einen nicht verstehen; Äußerungen wiederholen und verdeutlichen, wenn man von anderen nicht verstanden wird
- Zuordnung von Worten und Sätzen zu Sprachen systematisieren

Aufgaben der Erzieherinnen

■ **Im Alltag des Kindergartens, z.B.**
- Regelmäßig erzählen und vorlesen in Kleingruppen, auch in den Familiensprachen der Kinder, unter Einbeziehung mehrsprachiger Kolleginnen oder Familienmitglieder
- Punktuell ausdrückliches Nennen von Worten in unterschiedlichen Sprachen und dazu sagen, wie die Sprache heißt (»Auf Türkisch heißt das ›muz‹, auf Deutsch heißt das ›Banane‹!«)
- Mit den Kindern Gesprächsregeln für die Gespräche in Kleingruppen entwickeln und vereinbaren
- Regelmäßig Gespräche führen über das alltägliche Geschehen im Kindergarten: Was wir planen, was wir erlebt haben, wie wir uns gefühlt haben, ob eine Unternehmung schön oder nicht schön war und warum...
- Gedichte, Zungenbrecher, Reime einführen und Kinder anregen, selbst welche zu machen, auch in den Familiensprachen
- Wortschatz anreichern: »Neue« Wörter in Deutsch auf eine Wandzeitung schreiben, ergänzen um Entsprechungen in den Familiensprachen

■ **Spielmaterial und Spielanregungen, z.B.**
- Sammlung von Fotos, auf denen Menschen unterschiedliche Gefühle zeigen, dann szenische Darstellung von unterschiedlichen Gefühlen, wann fühlst du dich so? Malspiele (»Punkt, Punkt, Komma, Strich, fertig ist das Mondgesicht«)

■ **Projektarbeit, z.B.**
- »Unser Gedichte-Buch«: Gedichte können anregen, in derselben Art (Rhythmus, Refrain, Verdrehung) eigene zu machen, die ins Gedichte-Buch geschrieben und dann bei einer »Dichterlesung« für die Eltern vorgetragen werden
- »Diese Worte höre ich gerne, diese tun mir weh!«: Die gesammelten Schimpfwörter werden in einer Schimpf-Dose eingeschlossen, die Kosewörter kann man aus der »Verwöhnungs-Dose« rausnehmen, wenn man jemandem sagen will, dass man sie/ihn gern hat (auch möglich: Zum Geburtstag eine selbst ausgedachte Geschichte schenken)

■ **Raumgestaltung und Materialausstattung, z.B.**
- Eine ruhige und behagliche Ecke fürs Vorlesen und Erzählen einrichten
- »Bibliothek«: Bilderbücher, die zugänglich sind, in mehreren Sprachen und Schriften, auch Sachbücher, Liederbücher, Globus und/oder Atlas
- Eine Schreibecke einrichten (mit Schreibmaschine, Computer, Briefpapier, Schreibstiften, Stempel, Formularen, Abreißblöcken, Locher, Tacker usw.)
- Einen »Briefkasten« für jedes Kind einrichten, damit es Mitteilungen von den anderen Kindern bekommen kann

Weltgeschehen erleben, Welt erkunden

Analysefragen, die die Erzieherinnen mit Kindern bzw. Eltern erkunden:

▬ Sprachen und sprachliche Vielfalt im Erleben und der Umwelt der Kinder

- Welche Sprachen erleben Kinder außerhalb von Kindergarten und Familie?

- Ist Mehrsprachigkeit unter den Kindern der Kindertageseinrichtung häufig?

- Welche Sprachen beherrscht das Kind oder lernt es? Warum lernen Kinder und Erwachsene mehr als eine Sprache?

- Wie kommen die Kinder mit dem bilingualen Konzept des Kindergartens zurecht? Macht ihnen das Lernen der französischen Sprache Vergnügen?

- Haben die Kinder Freude an Besuchen im Nachbarland?

- Sind die Kinder in der Lage, ihr sprachliches Handeln ungewohnten oder unbekannten Situationen anzupassen?

- Welche Medien kennen die Kinder, welche nutzen sie innerhalb und außerhalb des Kindergartens (Bücher, Kassetten, Filme, Fernsehen, Computer…)

- Was bedeutet es für die Kinder, einer sprachlichen Minderheit anzugehören?

- Spiegeln sich die kulturelle Vielfalt und die Mehrsprachigkeit im Alltag, in der Gestaltung und der Ausstattung des Kindergartens wieder?

▬ Erscheinungsformen von Schriftsprache

- Interessieren sich die Kinder für Texte – erkennen sie schon Worte in verschiedenen Sprachen? Welche?

- Wo begegnen Kinder Schriftzeichen? (Signale oder Symbole, Schriftzüge, die Kinder »lesen« können wie z.B. MacDonalds, Coca Cola…)

- Sind sie neugierig auf Schriften verschiedener Kulturen und ihre historischen Wurzeln (Bilderschriften wie Hieroglyphen, Keilschrift, chinesische Schriftzeichen…)

- Warum heißen Bibel und Koran auch »Heilige Schrift«?

- Haben die Kinder die Gelegenheit, über Telefon, Fax, Internet und e-mail zu kommunizieren? Zeigen sie Interesse daran?
- Nutzen sie Buchstaben und Stempelkästen? Schreiben sie am Computer? Verfassen sie Wunschzettel?

- Bücher, Atlanten und Medien als Wissensspeicher: Sachbücher für Kinder, Kinderlexika, Wörterbücher, Software und Lernsoftware, Internet

- Orte für Bücher: Bibliotheken und Buchhandlungen

- Sprache als Literatur und Kunstform: Kennen die Kinder Orte wie Theater und Kinos? Kennen sie literarische Gattungen wie Märchen, Gedichte, Erzählungen?

Andere Erscheinungsformen von Sprache

- Wie Menschen sich auch verständigen: Blindenschrift und Gebärdensprache; Pantomime; Piktogramme

- »Lesen« von Bildergeschichten und Comics, aus der Hand »lesen«, Noten, Baupläne oder Stadtpläne und Landkarten lesen

Ziele: Weltgeschehen erleben, Welt erkunden

■ Ich-Kompetenzen
- Gedanken und Ideen entwickeln, ausdrücken und andere begeistern
- Schönheit von Sprach(en) und Schrift(en) entdecken
- Freude an eigenen Erkenntnissen und Fertigkeiten

■ Sozial-Kompetenzen
- Unterschiede in den Interessen zwischen Kindern, Kindern und Erwachsenen wahrnehmen und anerkennen, Kompromisse aushandeln
- Unternehmungen mit anderen planen und durchführen, eigene sprachliche Kompetenzen einbringen und die der anderen annehmen
- Gesprochene und geschriebene Sprache bei Spielen gebrauchen

■ Sach-Kompetenzen
- Sich Informationen aus unterschiedlichen Quellen holen (Fragen, Gespräche, Bücher…)
- Sprache gelöst vom unmittelbaren Kontext verwenden: Von Erlebnissen berichten, Geschichten erzählen, Gedichte und Reime selbst machen, anderen erzählen, was man zu einer Frage herausgefunden hat
- Wissen, dass Schriftzeichen Bedeutung tragen; Lesen als Entschlüsselung von Botschaften
- Phonologisches Bewusstsein (Sprache besteht aus abgrenzbaren lautlichen Elementen; die Schriftzeichen sind Zeichen für die Laute, die man beim Sprechen hört): Gleiche Anfangslaute bei Namen/Worten hören, gleiche Anfangsbuchstaben erkennen
- Schriftzeichen verschiedener Schriften erkennen
- Techniken kennen, wie man Ereignisse oder Erkenntnisse als Erinnerungsstütze festhalten kann (Notizen, Merkzettel, Symbole…)

■ Lern-Kompetenzen
- Sich selbst Wissen beschaffen und Bereitschaft, von anderen zu lernen
- Wissen darum, dass es wichtig ist, nach Sinn und Bedeutung menschlichen Handelns zu fragen, in Gegenwart und Vergangenheit

Aufgaben der Erzieherinnen

■ Im Alltag des Kindergartens, z.B.
- Sich den Kindern als Lesende und Schreibende zeigen: Aufschreiben, was Kinder diktieren, Notizen bei Gesprächen mit Kindern machen, Kinder interviewen und aufschreiben, was sie antworten
- Ein gemeinsames Kindergarten-Tagebuch anlegen für tägliche Eintragungen von Kindern und Erwachsenen
- Für jedes Kind ein Kindergartenbuch anlegen, für Beobachtungen, Zitate, Bilder über die ganze Kindergartenzeit
- Bildgeschichten und Comics lesen und selbst machen
- Geheimsprachen und Geheimschriften anregen
- Regelmäßige Vorlesezeiten

■ Spielmaterial und Spielanregungen, z.B.
- Spiele und Lieder mit Lautunterscheidungen (»Ich sehe was, was du nicht siehst, das fängt mit K an«, »A,A,A, der Winter der ist da«)
- Mit entsprechendem Material (Blöcke, Stifte) zum Gebrauch von geschriebener Sprache bei unterschiedlichen Aktivitäten und Spielen anregen

■ Projektarbeit, z.B.
- »Wir machen selbst ein Buch«: Kinder diktieren Geschichten, diese werden in die verschiedenen Familiensprachen übersetzt und aufgeschrieben, dann von Kindern illustriert und gebunden
- »Sprachen in unserer Familie«: Kinder befragen ihre Eltern nach Sprachen- und Migrationserfahrung
- »Wir gehen raus und sammeln Wörter«: Kinder finden Wörter in der Umgebung der Kindertageseinrichtung, schreiben sie ab und untersuchen sie, welche sind bekannt, welche nicht...
- »Von der Kunst des Schönschreibens« – Beispiele von Kalligraphie kennen lernen, den eigenen Namen oder ein Lieblingswort schön schreiben und die Kunstwerke ausstellen
- »Die ersten Schriften der Menschen« – sich Erproben mit Keilschrift und Hieroglyphen

■ Raumgestaltung und Materialausstattung, z.B.
- Schreibplatz für die Erzieherin
- Alphabete und Anlauttabellen in der Schreibecke
- Ergebnisse der Erkundungen werden dokumentiert und ausgestellt
- Ausstellungen werden laufend aktualisiert

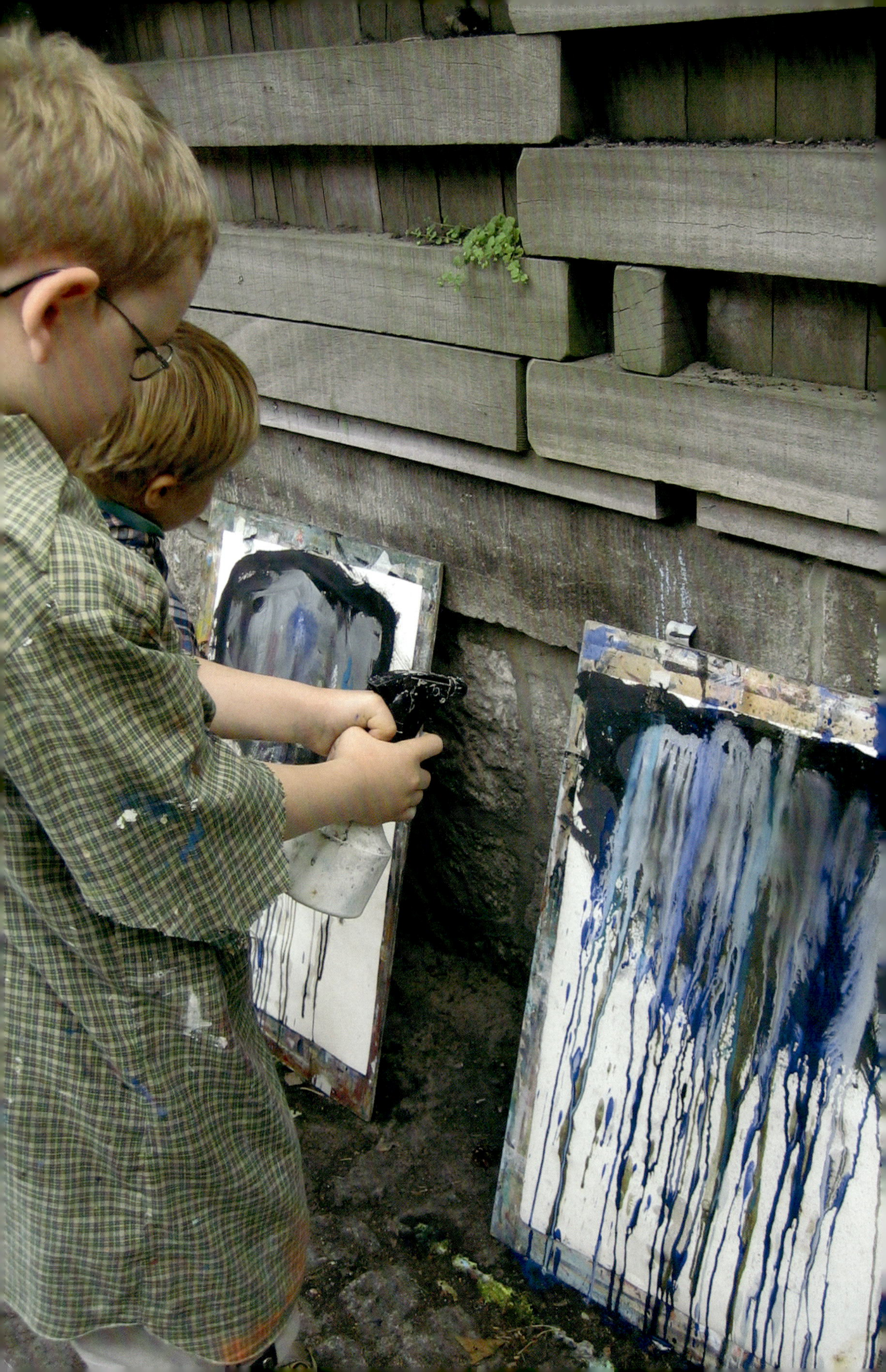

Bildungsbereich
Bildnerisches Gestalten

■ **Gestaltungsprozesse sind Erkenntnisprozesse**

Bei ihren Versuchen, die Welt kennen- und verstehen zu lernen, beschreiben die Kinder ganz eigene Wege und greifen hierbei zu den unterschiedlichsten Mitteln. Indem sie zeichnen, malen, collagieren, mit Ton und Draht, Wasser und Papier experimentieren, setzen sie sich aktiv mit ihrer Umwelt auseinander, verarbeiten ihre Erlebnisse und verleihen darüber hinaus ihren Eindrücken neuen Ausdruck. Die Pädagoginnen in Reggio Emilia/Italien drücken dies beispielsweise so aus: »Nichts ist im Verstande, was nicht zuvor in den Sinnen war.«[1]

Eine intensive Wahrnehmung, eine ausführliche sinnliche Erkundung sowie alle kreativen Tätigkeiten von Kindern sind demnach eng verknüpft mit dem Verstehen der Welt: »Mit der Zeichnung strukturiert das Kind seine Wahrnehmung. Oder mit den Worten von Rudolf Seitz ausgedrückt: ›Darstellen heißt klarstellen‹. Damit ist ein Prozess der geistigen Erfassung von Wirklichkeit gemeint, wobei die Zeichnung selbst als Medium des Denkens angesehen werden muss.«[2]

Die kreativen Tätigkeiten der Kinder haben demnach eine Erkenntnisebene und eine Empfindungsebene zugleich: Neben der Kunst des aktiven Lernens verfügen die Kinder über die Kunst des Staunens und der Freude angesichts neuer Entdeckungen. Diese zu erhalten und zugleich mit neuen Erfahrungs- und Empfindungsmöglichkeiten zu verbinden, ist eine wichtige pädagogische Aufgabe. Eng verbunden mit den bildnerischen Tätigkeiten der Kinder sind auch Prozesse des Erwerbs von Symbolsystemen, wie unserer Schrift- und Zeichenkultur.
  Bei den folgenden Anregungen für die Praxis schlagen wir eine Differenzierung nach Alters-stufen vor sowie ein grundsätzliches Vorgehen in der pädagogischen Arbeit: Angebote zum bildnerischen Gestalten sollten projektorientiert erfolgen, d.h. neben den stets verfügbaren Materialien werden gezielte und länger andauernde Phasen für bildnerische Prozesse angeboten. Junge Kinder im Alter bis zu drei Jahren erwerben beim Gestalten erste grundlegende Kenntnisse mit verschiedensten Materialien und Techniken; die Angebote können bei älteren Kindern zunehmend differenzierter und komplexer werden.

Kinder entwickeln in ihren bildnerischen Tätigkeiten unterschiedliche Schemata.

---

1 Vgl. hierzu auch: Annette Dreier: Was tut der Wind, wenn er nicht weht? Begegnung mit der Kleinkindpädagogik in Reggio Emilia. Berlin 1999
2 Eberhard Brügel: Wirklichkeiten in Bildern – Über Aneignungsformen von Kindern. Remscheid 1993, S. 33

Diese können auch als Aneignungsmuster verstanden werden, mit deren Hilfe Kinder ihre Eindrücke ordnen und sie mit ihren Wünschen und Sehnsüchten verbinden. Indem sie ihnen einen bildnerischen Ausdruck verleihen, zeigen sie ihre Theorien von der Welt, in der sie leben. Sie machen sich ihr Bild von der Welt, entwickeln Hypothesen über Zusammenhänge, prüfen diese auf ihre Stichhaltigkeit und entwickeln Alternativen. Sie entwerfen ihre Welt. Kognitives und magisches Denken, Realitätsbearbeitung und Fantasie, Feststellung und Vorstellung kommen hier in einzigartiger Art zusammen. Im bildnerischen Gestalten entwickeln Kinder ihre Visionen. Die Spannung zwischen Möglichem und Unmöglichem, zwischen Realität und Fiktion setzt Kräfte frei, mit denen Kinder sich selbst als Gestalter ihrer Welt erleben können.

Für alle Altersstufen sind nach Rudolf Seitz die folgenden Haltungen der Pädagoginnen und Pädagogen wichtig:

- »Da ein Kind nicht zeichnet, was es sieht, korrigieren Sie bitte die Zeichnung nicht nach Maßstäben, die der Erwachsenenwelt entsprechen.
- Nehmen Sie jedes Kind in seiner Entwicklungsstufe ernst. Der Weg führt nicht von einer schlechteren zur besseren Zeichnung, sondern von der weniger zur mehr differenzierten Zeichnung.
- Seien Sie neugierig, was Ihnen Ihr Kind in seiner Zeichnung sagt. Es ist mehr, als Sie annehmen.
- Kinder denken vom Wesen der Dinge her. Sie sind viel mehr Teil ihrer Welt. Wir sind draußen, Zuschauer, Betrachter, Kritiker. Wechseln wir doch einmal den Standpunkt.
- Lassen Sie die Kinder etwas verschwenderisch sein. Das Kind braucht viel Material und Zeit. Es gibt heute so wenig Platz für die Phantasie und Kreativität der Kinder.

Erobern Sie die Welt mit Ihrem Kind zusammen. Es muss nicht immer das Jetzt verbrauchen, weil es für nachher lernt. Die Kinder haben ein Recht auf ihr augenblickliches Glück und auf ihr Dasein.«[3]

---

3   Rudolf Seitz: Die Bildsprache der Kinder. In: Hans Brügelmann (Hrsg.): Kinder lernen anders. Lengwil am Bodensee 1998, S. 40f

Das Kind in seiner Welt

Analysefragen, die die Erzieherinnen mit Kindern bzw. Eltern erkunden:

Was beeindruckt das Kind?

- Welche Farben mag das Kind an sich selbst, an anderen? Welche Farben mag das Kind in der Natur, im Raum, bei Bildern, bei Symbolkarten (Namensschilder oder Symbolkarten in der Garderobe, im Waschraum...)?

- Beachtet das Kind Lichtveränderungen im Raum und draußen? Welches Licht ist ihm angenehm bzw. unangenehm?

- Bemerkt das Kind unterschiedliche Lichtfarben: warmes Licht, grelles Licht, Zwielicht, Schatten, Dunkelheit?

- Welche Oberflächenbeschaffenheit von Materialien erkundet das Kind: glatte, raue, strukturierte, harte, weiche, elastische...?

- Welche Materialbeschaffenheit mag es, was ist ihm unangenehm?

- Welche Figuren, Formen und Farben interessieren das Kind: weiche oder harte, runde oder kantige, natürliche oder künstliche, harmonische oder herausfordernde/provokative Figuren, Farben und Formen?

Mit welchen Aneignungsmustern arbeitet das Kind?

- Arbeitet das Kind gern mit den Händen?

- Baut und konstruiert es gern?

- Mit welchen Werkmaterialien arbeitet es gerne: Ton, Knete, Wachs, Hölzer, Rinden, Früchte, Draht, Steine, Bausteine, Textilien, Wolle, Papier, Pappe...?

- Welche Verfahren des Auseinandernehmens interessieren das Kind: Schneiden, Reißen, Schnitzen, Sägen, Schälen...

- Welche Verfahren des Zusammenfügens interessieren das Kind: Kleben, Verschnüren, Knüllen, Zusammenstecken...

- Mit welchen Farbmaterialien arbeitet das Kind gerne: Stifte, Kreiden, Kohle, Wasserfarben, Wandfarben, Plakatfarben, Tinten, Fingerfarben, Pigmente?

- Mit welchen Werkzeugen arbeitet das Kind gerne: Pinsel, Stift, Rolle, Feder, Schere, Säge, Bohrer, Hammer, Zange?

- Welche Fügeverfahren und -materialien interessieren das Kind: Kleben, Zusammenbinden, Nageln, Nähen, Tackern, Heften...?

- Malt, zeichnet oder kritzelt es gern? Malt es lieber im Stehen oder Sitzen oder Liegen?

- Stehen die Erlebnisse des Kindes im Zusammenhang zu seinen kreativen Arbeiten?

- Mit welchen Mitteln verleiht das Kind seinen Eindrücken Ausdruck?

- Welche Farben kennt das Kind, welches ist seine Lieblingsfarbe?

- Kennt das Kind den Unterschied zwischen Reißen und Schneiden, Zusammenknüllen und Auseinanderfalten? Was tut es davon am liebsten?

Ziele: Das Kind in seiner Welt

■ **Ich-Kompetenzen**
- Sich der eigenen Empfindungen gegenüber der Natur und Kultur bewusst werden: das Staunen genießen
- Sich der eigenen Ausdrucksmöglichkeiten bewusst werden: Ich kann malen/zeichnen/collagieren/mit Ton arbeiten
- Zutrauen im Umgang mit verschiedensten Materialien entwickeln
- Verschiedene Farben und Formen in Bezug zur eigenen Emotionalität setzen
- Die eigenen Werke wertschätzen
- Die eigenen Lieblingsfarben entdecken und benennen

■ **Sozial-Kompetenzen**
- Die Werke der anderen Kinder und Erwachsenen wertschätzen
- Besondere Möglichkeiten zum Gestalten im Kindergarten praktizieren und erkennen, dass diese zu Hause anders sind

■ **Sach-Kompetenzen**
- Verschiedenste Materialien und ihre Beschaffenheit kennen
- Unterschiede erfahren zwischen weich – hart, rau – kuschelig, fest – locker, dickflüssig – dünnflüssig, biegsam – starr usw.
- Verschiedenste Farben und ihre Nuancen kennen
- Schneiden können, wenn es eine Aufgabe erfordert, z.B. auch Draht mit Kneifzangen oder dicke Taue
- Erfahrungen mit Holz und seiner Bearbeitung machen

■ **Lern-Kompetenzen**
- Erfahrungen mit verschiedenen Materialien gemacht haben und auf neues Material übertragen können

Aufgaben der Erzieherinnen

■ **Im Alltag des Kindergartens, z.B.**
- Ein Atelier einrichten bzw. einen Raumbereich für den Umgang mit Farben und anderen Gestaltungsmaterialien
- Täglich Zeiten für Gestaltungsprozesse einplanen sowie inhaltliche und zeitliche Kontinuität für diese Arbeiten berücksichtigen
- Künstler und Kunstpädagogen in die Arbeit einbeziehen
- Für die jüngeren Kinder erste Materialerfahrungen anbieten, z.B. intensive Erfahrungen mit der Farbe »Blau«
- Mit verschiedensten Pinseln, Stiften und beiden (!) Händen malen, an einer Staffelei und an Tischen malen
- Kinder stellen mit plastischem Material Gegenstände her

■ **Spielmaterial und Spielanregungen, z.B.**
(siehe Raumgestaltung und Material)

■ **Projektarbeit, z.B.**
- Die älteren Kinder bearbeiten bestimmte Themen, z.B. gestalten sie ein Porträt von sich selbst oder von anderen Kindern
- Kinder stellen den eigenen Gesichtsausdruck bei Freude, Zorn, Glück, Trauer dar
- Erwachsene und Kinder inszenieren kleine Theaterstücke

■ **Raumgestaltung und Materialausstattung, z.B.**
- Papiere und Farben aller Art bereitstellen (Wasserfarbe, Ölfarbe, Pigmentfarben usw.) sowie Ton, Knete, Wachs
- Staffeleien und Werkbänke anbieten, Lichttische bauen, Spiegelflächen bauen, Farben selbst herstellen
- Naturmaterialien wie Muscheln oder getrocknete Früchte oder Korken sammeln und präsentieren, »Schätze« der Kinder sammeln wie z.B. Perlen, Glitzersteinchen, Federchen etc. und ausstellen; Verkleidungsutensilien anbieten
- Ausstellungsflächen schaffen: besondere Wandflächen, Bilderrahmen, Vitrinen

Das Kind in der Kindergemeinschaft

Analysefragen, die die Erzieherinnen mit Kindern bzw. Eltern erkunden:

■ Zur Wahrnehmung der einzelnen Kinder in der Gruppe

- Was machen welche Kinder am liebsten: bauen, töpfern, malen...?

- Mit welchen Materialien arbeiten die Kinder gerne: mit Holz, mit Ton, mit Metall, mit Papier/Pappe?

- Welche Bearbeitungsverfahren interessieren welche Kinder: Formen und Verformen, Verbinden, Zerlegen...?

- Können alle Kinder sich in den Büchern und Bildern, die im Kindergarten vorhanden sind, wiederfinden?

- Kennen die Kinder Museen? Wenn ja, welche?

■ Zu Handlungsmöglichkeiten im Kindergarten

- Welchen Handlungsmöglichkeiten wird welcher Raum, welche Zeit eingeräumt?

- Wie häufig und in welcher Umgebung können Kinder ihre bevorzugten Tätigkeiten ausüben?

- Werden Elemente aus den Familienkulturen der Kinder (Bilder, Einrichtungsgegenstände) im Kindergarten aufgenommen?

- Gibt es ein Logo für die Gruppe, das Gemeinsamkeiten der Kindergruppe und ihrer Familien ausdrückt? Wer bestimmt darüber?

Zur Familiensituation

- Was mögen die Kinder an ihrer Wohnung und welche Dinge vermissen sie im Kindergarten?

- Gibt es »Schätze« in den Familien, die für den Kindergarten gehoben werden könnten? Schöne Gegenstände, Schmuck, Bilder, Bücher?

- Gibt es Handwerker und andere Künstler in den Familien? Wie könnten diese in die Arbeit im Kindergarten einbezogen werden?

Ziele: Das Kind in der Kindergemeinschaft

■ **Ich-Kompetenzen**
- Fantasie entwickeln und ausdrücken
- Die Aufmerksamkeit und die Sinne schärfen
- Erstes Urteilsvermögen entwickeln

■ **Sozial-Kompetenzen**
- Sich der Ausdrucksformen der anderen Menschen bewusst werden
- Die Werke der anderen wertschätzen
- Mit den anderen Kindern über Tätigkeiten und Werke kommunizieren
- Urteile wie »schön« oder »nicht schön« mit anderen austauschen

■ **Sach-Kompetenzen**
- Techniken zur Gestaltung kennen und nutzen
- Ein breites Repertoire an Farben, Materialien und Bearbeitungsverfahren kennen
- Ökologisches Grundwissen erlangen: Welche Materialien sind gefährlich? Sicherheitsmaßnahmen kennen lernen
- Werkzeuge sachgerecht handhaben können
- Kulturelle Unterschiede kennen

■ **Lern-Kompetenzen**
- Eigene Sammlungen und Dokumentation anlegen können
- Wissen, dass es verschiedene Formen der Dokumentation gibt: Fotos, Tonbandaufnahmen, Filme, Bücher, Portfolios usw.
- Experimentierverfahren kennen
- Risiken abschätzen lernen

Aufgaben der Erzieherinnen

■   Im Alltag des Kindergartens, z.B.
- Werke und Alltagsgegenstände aus verschiedenen Familienkulturen präsentieren
- Licht- und Farbveränderungen im Raum beobachten: Sonnenlicht und Kunstlicht vergleichen, Schattenspiele veranstalten
- Ausstellungen gemeinsam machen
- Zeiten für die Betrachtung von Werken einräumen (Bücher, Ausstellungen im Kindermuseum etc.)
- Baustoffe aller Art – auch metallische, Magnete anbieten
- Verschiedene Fügematerialien und Werkzeuge: Kleister, Kleber, Klebebänder, Tacker, Schrauben, Nägel, Hammer zur Verfügung stellen

■   Spielmaterial und Spielanregungen, z.B.
- Lichtveränderungen und -manipulationen anregen: Dimmer, Kaleidoskope, Prismen, Farbfolien, Kameras...

■   Projektarbeit, z.B.
- Mit Ton, Knete, Holz, Metall, Pappe, Papier ... gemeinsam einen bestimmten Gegenstand herstellen
- Experimente mit Wasser veranstalten, mit Licht und Schatten und diese dokumentieren
- Verschiedene Künstler und ihre Werke kennen lernen: bekannte Künstler der Gegenwart und Vergangenheit
- Sich auf Themen zur Gestaltung konzentrieren, z.B. Thema Zirkus oder Meer oder Tanzen

■   Raumgestaltung und Materialausstattung, z.B.
- Bücher über Künstler und ihre Werke anbieten
- Prismen, Kaleidoskope bereitstellen
- Bilder und Skulpturen ausstellen: Bilder und Skulpturen der Kinder, aber auch Werke bekannter Künstler zeigen

Weltgeschehen erleben, Welt erkunden

Analysefragen, die die Erzieherinnen mit Kindern bzw. Eltern erkunden:

Begegnung mit früheren Zeiten und anderen Kulturen

- Welche Spuren aus früheren Zeiten können im Ort erkundet werden: Straßenpflaster, Laternen, Baustile, Hauseingänge, Gartenkunst, Parkanlagen, Denkmäler…?

- Welche zeitgenössischen Kunstformen existieren im unmittelbaren Umfeld: Kunst am Bau, moderne/postmoderne Architektur, Graffiti, Plakate, Werbung, Lichtinstallationen, Verfremdungen…?

- Was kann im eigenen und in anderen Stadtteilen entdeckt werden: die Geschichte der Stadtkultur, Spuren anderer Kulturen in Berlin, Kirchen, Synagogen, Moscheen, Architekturgeschichte…?

- Welche Begegnungen mit Kunst, Architektur haben Kinder und Eltern durch Reisen oder durch ihre Herkunft aus anderen Städten und Ländern?

Zu Künstlern und ihren Werken

- Arbeiten Künstler in der Umgebung? Gibt es Eltern, die künstlerisch tätig sind?

- Welche Künstler und Kunstpädagogen können wir einladen, um gemeinsam zu arbeiten oder uns etwas zeigen zu lassen?

- Welche Museen können wir besuchen, um zum Beispiel Vorstellungen und Phantasien von Menschen aus früheren Zeiten und von heute kennen zu lernen?

- Kennen Kinder, Eltern, Erzieherinnen und Erzieher »Verrückte« Kunst – Kunst als Widerstand gegen vorherrschende Meinungen: Karikaturen, Graffitis, Kinderkino…?

Zu Projektthemen

- Wie sehen die ersten bildnerischen Zeichen der Menschheit (Hyroglyphen, Höhlenmalereien) aus?

- Welche Materialien nutzten die Menschen früher zum Malen/Schreiben/Gestalten? Können wir heute noch auf Tontafeln kritzeln oder mit Lehm bauen?

- Welche Materialien nutzen die Menschen heute in anderen Ländern? Wie färben zum Beispiel die Menschen ihre Kleidungsstoffe? Welche Farben gibt es dort? Wie können wir selbst Farben aus Naturmaterialien herstellen?

- Welchen Schmuck tragen die Menschen in verschiedenen Ländern, welche Kleidung?

Ziele: Weltgeschehen erleben, Welt erkunden

■ Ich-Kompetenzen
- Werke verschiedener Epochen und Stile kennen lernen und in Bezug zur eigenen Aktivität setzen
- Die natürliche Umwelt als reiches Feld von Entdeckungen erleben
- Zugang zu einzelnen Kunstwerken finden

■ Sozial-Kompetenzen
- Sich der Ausdrucksformen der anderen Menschen bewusst werden
- Mit anderen etwas gemeinsam herstellen
- Erfahrungen über gemeinsame Arbeiten austauschen
- Gemeinsamkeiten und Unterschiede beim Arbeiten/Werken herausfinden

■ Sach-Kompetenzen
- Techniken zur Gestaltung aus anderen Kulturen kennen lernen
- Differenzieren können zwischen heutigen und früheren Ausdrucksformen: Wie sahen früher Werke der Menschen aus, wie können sie heute aussehen?
- Von modernen Gestaltungstechniken wissen: Computergrafik, Bildsimulation am Computer usw.
- Mit Licht und Schatten verschiedene Effekte erzielen
- Erfahrungen mit dem »Naturschönen«, d.h. Natur und den vom Menschen gestalteten Gärten und Bauwerken

■ Lern-Kompetenzen
- Geschichtsbewusstsein entwickeln: Konzepte kennen »früher« und »damals«, »heute« und »zukünftig«
- Vorhaben planen und Verabredungen mit anderen treffen, Visionen entwickeln

Aufgaben der Erzieherinnen

■ Im Alltag des Kindergartens, z.B.
- Werke aus verschiedenen Epochen, Stilen und Kulturen präsentieren
- Ausstellungen von Kinderarbeiten aus anderen Zeiten und Kulturen organisieren
- Zeiten für die Betrachtung von Werken einräumen (Bücher, Ausstellungen, u.a. in Kindermuseen etc.)

■ Spielmaterial und Spielanregungen, z.B.
(siehe Raumgestaltung und Materialausstattung)

■ Projektarbeit, z.B.
- Alle Kinder dieser Welt malen: aber wie?
- Experimente mit Licht und Schatten machen und dokumentieren
- Was sind Mosaiken? Wie entstehen sie? Ein Mosaik selbst herstellen
- Fotosafaris in der Umgebung: Kirchenfenster kennen lernen
- Bauwerke aus verschiedenen Epochen entdecken
- Alltagsgegenstände aus früheren Zeiten benutzen
- Künstler einladen und mit ihnen arbeiten: ein Theaterstück entwerfen, ein Bühnenbild gestalten
- Fotos, Computerbilder, gemalte Bilder, Gedrucktes vergleichen

■ Raumgestaltung und Materialausstattung, z.B.
- Bücher über Künstler und ihre Werke anbieten
- Material zum Bauen und Formen bereitstellen
- Bilder von berühmten Bauwerken präsentieren (z.B. Türme oder Hochhäuser oder Kirchen und Moscheen)
- Fotokameras und Computer bereitstellen

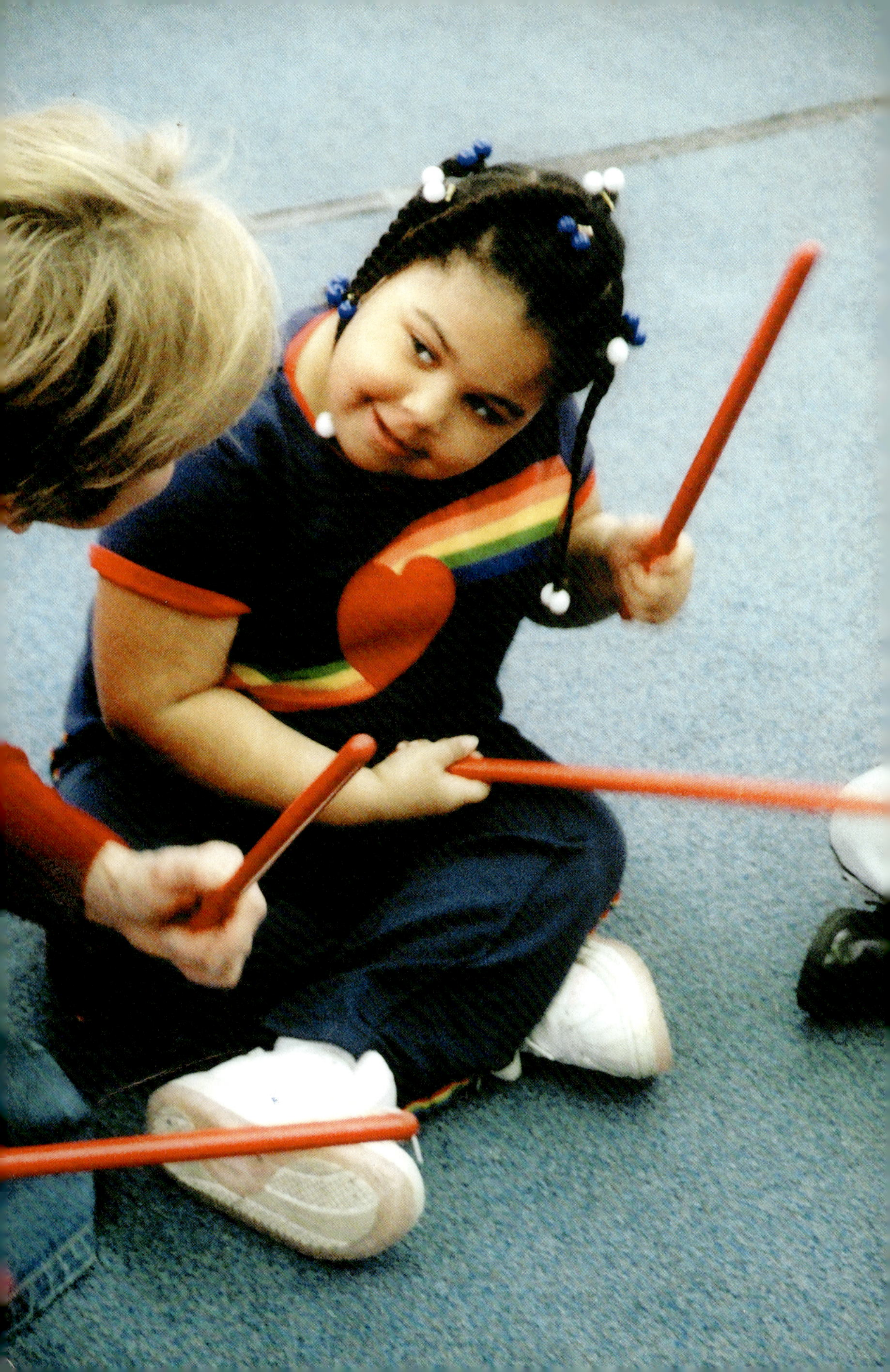

Bildungsbereich
Musik

Es gibt Bereiche der Seele, die nur durch die Musik beleuchtet werden.

(Zoltán Kodály)

Musik ist für viele Kinder und Erwachsene eine Quelle für reiche Empfindungen und für großen Genuss. Von Geburt an – und vermutlich auch bereits vor der Geburt – gehört musikalisches Empfinden zu den Grundkompetenzen eines Menschen. Schon Neugeborene können zwischen Tönen, Rhythmen und Stimmen unterscheiden, denn: »Jeder Mensch wird mit der Erfahrung von Rhythmus geboren, dem Herzschlag der Mutter, und mit einem Musikinstrument, der Stimme.«[1]

Gerade diese Erfahrungen sind die Basiskomponenten der Musik: Wir unterscheiden Melodie, Rhythmus und Klangfarbe. Für die meisten Menschen stellt dabei das Gehör den wichtigsten Zugang zur Musik dar; das wichtigste Instrument zur Produktion von Musik ist von Geburt an die Stimme. Säuglinge genießen das Hören von Tönen und Klängen und haben große Freude an der eigenen Produktion von Lauten und Tönen; etwas ältere Kinder findet man häufig selbstvergessen vor sich hin summend bei intensiven Tätigkeiten. Insofern sind Kinder fast schon intuitive Musik-Lerner und damit verbunden auch Sprach-Lerner.

Ob ein Kind »musikalisch« oder »unmusikalisch« ist, wurde in der Vergangenheit häufig als eine von Geburt an festgelegte Wesenseigenschaft angesehen, und nur besonders musikalische Kinder sollten durch Schulungen des Gehörs und der Stimme oder das Einüben eines Instrumentes gefördert werden. Inzwischen findet eine Rückbesinnung auf die großen Möglichkeiten und Wirkungen einer musischen Förderung in früher Kindheit für alle Kinder statt: Musizieren entwickelt bei Kindern nicht nur Feinheiten des Gehörs und Beherrschung von Stimme oder Instrument, sondern hat Wirkungen auf Geist und Seele des Kindes: Musik fördert die kindliche Intelligenz und die innere Ausgeglichenheit: »Die Berliner Studie (Bastian, 1996-1999) hat an Grundschulen nachgewiesen, wie sich das soziale Verhalten der Klasse vorteilhaft veränderte und die Kinder durch das Musizieren ein positiveres Bild von sich selbst aufbauten.«[2]

---

1 Gardner, Howard: Abschied vom IQ – Die Rahmentheorie der vielfachen Intelligenzen. Stuttgart 2001, S. 118f.
2 Elschenbroich, Donata: Weltwissen der Siebenjährigen. München 2001, S. 212 und Ministerium für Bildung, Jugend und Sport: Grundsätze Elementarer Bildung. Potsdam 2004, S. 21 ff.

Die Bildungsbereiche

Aus diesem Grund sind bereits in Krippen und Kindergärten musische Angebote wichtig, wobei es wie beim bildnerischen Gestalten um die Entfaltung der kindlichen Empfindungs- und Ausdrucksmöglichkeiten geht. Ein Mittel dazu ist das Singen: Dem gemeinsamen Singen – in der Kindergruppe oder einzeln – sollte besondere Bedeutung zukommen. Erzieherinnen sollten mit den Kindern singen, auch wenn sie meinen, dafür keine geeignete Singstimme zu haben. Über die Stimme hinaus kann der ganze Körper als Instrument genutzt werden. Einzelne einfache Instrumente können über längere Zeit ausführlich erkundet werden, um verschiedene Klänge ebenso wie die Stille mit Muße zu erleben.

Vorspielen auf einfachen Instrumenten – auch wenn es nicht perfekt ist, fördert den Wunsch der Kinder, sich selbst musikalisch auszudrücken.

Das Kind in seiner Welt

Analysefragen, die die Erzieherinnen mit Kindern bzw. Eltern erkunden:

Erfahrungen mit Geräuschen, Klängen und Tönen

- Tritt das Kind eher laut oder eher leise in Erscheinung – in welchen Situationen?

- Welche Geräusche erzeugt das Kind gerne/bewusst mit seinem Körper? Mit welchen Teilen des Körpers: Stimme, Hände, Füße, Nase, Bauch...?

- Wie setzt das Kind Stimme und Bewegung als Ausdrucksmittel für Emotionen ein? Wie moduliert es seine Stimme, wenn es traurig/glücklich/zornig ist?

- Wie reagiert das Kind auf Tonfall und Klangfarbe, wenn es von Erwachsenen, von anderen Kindern angesprochen wird?

- Welche Geräusche umgeben das Kind im Alltag: in der Wohnung, im Kindergarten, auf dem Weg zum Kindergarten, im Umfeld? Welche Geräusche mag das Kind, welche Geräusche empfindet es als unangenehm, welche erschrecken oder machen Angst?

- Genießt das Kind Stille? Sucht es Ruhezonen ohne laute Geräusche? Oder ist es eher angezogen von lauten/lebhaften (?) Situationen? Wie reagiert das Kind auf Lärm? Erzeugt es selbst gerne Lärm?

- Achtet das Kind auf Geräusche der natürlichen Umwelt: Vogelgezwitscher, Hundebellen, Blätterrauschen, Windgeräusche, Wassergeräusche...? Welche Geräusche mag es, welche empfindet es als unangenehm...?

- Welche Rhythmen und Melodien bevorzugt das Kind bei Musik? Welche Lieder mag es und welche Bedeutung haben dabei Klangfarben, Stimmen, instrumental erzeugte Töne, Rhythmen, Texte?

- Bewegt sich das Kind gerne zu Klängen und Rhythmen?

Erfahrungen mit eigenen Musikproduktionen

- Singt oder summt das Kind gern, wenn es spielt oder sich bewegt?

- Hört es gern Musik oder Rhythmen?

- Versucht das Kind, neue Melodien oder Rhythmen zu erfinden?

- Bevorzugt das Kind bestimmte Musikrichtungen?

- Wie reagiert das Kind auf Wechsel im Rhythmus, in der Lautstärke, im Tempo?

- Versucht das Kind, Rhythmen zu wiederholen/zu halten?

- Hat das Kind Spaß und Interesse verschiedene Instrumente selbst auszuprobieren?

- Experimentiert das Kind gern mit Tönen und Schwingungen, indem es verschiedenste Materialien als Klangkörper benutzt? Welche Töne und Schwingungen bevorzugt das Kind: kurze, lange, laute, leise, hohe, tiefe, harte, weiche, gleichbleibende, wechselnde...?

- Singt es gerne mit anderen? Wie verhält es sich dabei: eher zurückhaltend und leise; eher führend und lautstark?

- Trägt das Kind gerne etwas vor oder hört es lieber zu?

Musikerfahrungen in Familie und Kindergarten

- Welche Musikerfahrungen kann das Kind in seiner Familie erleben: Musik aus Radio, CD, Kassette oder Fernsehen als Begleiter anderer Aktivitäten? Bewusst gehörte Musik aus Radio, Musikanlage, Fernsehen? Musikproduktionen am Computer, Musik als Grundlage für Bewegung, Tanz, Spiel...?

- Wird in der Familie gesungen, spielt jemand in der Familie, in der erlebten Nachbarschaft, im Freundeskreis ein Instrument?

- Welche der oben genannten Musikerfahrungen kann das Kind in seinem Kindergarten erleben, welche besonderen Musikerfahrungen eröffnet der Kindergarten?

Ziele: Das Kind in seiner Welt

■ Ich-Kompetenzen
- Sich der eigenen körperlichen Lautinstrumente bewusst werden: Körper und Stimme, diese Klangkörper kennen lernen und ihre Ausdrucksmöglichkeiten erproben
- Die eigene Stimme auch als Ausdrucksmittel für Emotionen erleben; Erfahrung von Stille
- Differenzieren können zwischen laut/leise, schnell/langsam, hoch/tief

■ Sozial-Kompetenzen
- Die eigene Gefühlslage musikalisch mitteilen können
- Sich mitteilen können, wenn es zu laut/zu leise wird

■ Sach-Kompetenzen
- Kenntnisse über die eigene Stimme, laut/leise, allein/zusammen singen
- einige Lieder kennen (Text, Melodie)
- Kenntnisse über verschiedene Instrumente und Klangkörper, laut/leise, schnell/langsam
- Ein Instrument genauer kennen- und nutzen lernen, außergewöhnliche Instrumente auch aus anderen Kulturen kennen: Harfe, Horn, Dudelsack usw.
- Töne produzieren können
- Verschiedene Aufnahmegeräte kennen und bedienen können

■ Lern-Kompetenzen
- Sich der eigenen Ausdrucksmöglichkeiten bewusst werden
- Die Ausdrucksweisen anderer kennen und verstehen lernen

Aufgaben der Erzieherinnen

- **Im Alltag des Kindergartens, z.B.**
  - Vorsingen, Singen als Begleitung zu alltäglichen Pflegevorgängen, z.B. beim Wickeln
  - Zeiten der bewussten Stille schaffen
  - Zeiten und Orte im Kindergarten für die Produktion eigener Rhythmen wie z.B. Klopfen, Stampfen, Klatschen, Trommeln
  - Wiederkehrende Erfahrungen musikalisch begleiten: Erzieherinnen nutzen Instrumente und spielen vor: Wie klingen traurige/heitere Situationen? Wie klingt meine Stimme, wenn ich glücklich/traurig/wütend bin? Mit Mimik und Gestik begleiten
  - Pantomime mit Musik verbinden

- **Spielmaterial und Spielanregungen, z.B.**
  - Einfache Instrumente anbieten wie Trommeln, Harfen, Glöckchen, Zimbeln, die die Kinder täglich nutzen können, kompliziertere Instrumente wie z.B. Geigen oder Klarinetten für bestimmte Phasen der Projektarbeit anbieten

- **Projektarbeit, z.B.**
  - Meinen Tagesablauf als akustischen Rhythmus darstellen
  - Wiederkehrende Aktivitäten im Tagesablauf akustisch darstellen: Aufwachen, Klospülung, Waschen/Zähneputzen, Frühstücken, der Weg zum Kindergarten...
  - Wie hört sich mein Schritt an, wenn ich wach bin, wenn ich müde bin? Welche Geräusche im Kindergarten-Alltag sind mir angenehm, welche stören mich? Wo und wann ist es mir zu laut? Wann mag ich gerne Musik machen, hören? Welche Musik drückt meine Stimmung aus, wenn ich glücklich, traurig, wütend bin? Welche Geräusche erzeugt mein Körper: Stimme, Atem, Bauchknurren, Pupsen, Niesen, Bewegungsgeräusche – was passiert dabei im Körper und außerhalb des Körpers? Durch Bewegung Wind und Töne erzeugen

- **Raumgestaltung und Materialausstattung, z.B.**
  - Platz zum lauten Toben, zum Tanzen, zum Ruhe erleben
  - Einfache Instrumente wie Rasseln, Zimbeln, Trommeln, Glöckchen, Flöten bereitstellen ebenso wie einige wenige teure Instrumente (Eltern einbeziehen: Wer spielt ein Instrument und kann dies auch mit den Kindern tun?)
  - Liederbücher, CDs, Kassetten

Das Kind in der Kindergemeinschaft

Analysefragen, die die Erzieherinnen mit Kindern bzw. Eltern erkunden:

Zur Kindergemeinschaft und Familien

- Welche unterschiedlichen musikalischen Vorerfahrungen bringen die Kinder mit?

- Welche Musik kennen die Kinder von zu Hause?

- Wie ähnlich und wie verschieden sind die musikalischen Vorerfahrungen der einzelnen Kinder? Gibt es dominante Gruppen? Gibt es Minderheiten innerhalb der Kindergemeinschaft?

- Bringen Kinder oder Eltern Kassetten oder CDs von zu Hause mit?

- Wird zu Hause gesungen/getanzt? Im Alltag oder zu besonderen Anlässen?

- Spielt jemand zu Hause ein Musikinstrument?

- Können Musiker aus Familien eingeladen werden, um vorzuspielen?

Zur Kindergarten-Kultur

- Bietet der Kindergarten Möglichkeiten für unterschiedliche Musikerfahrungen: Welche Wertigkeit geben Erzieher/innen den verschiedenen musikalischen Traditionen und Vorlieben?

- Welche technischen Medien stehen für Tonwiedergaben zur Verfügung? Können Kinder sie bedienen? Gelten dafür Regeln – wer handelt sie aus?

- Gibt es regelmäßige Gelegenheiten zum bewussten Hören unterschiedlicher Musikarten und Musikrichtungen? Wer wählt aus?

- Gibt es musikalische Traditionen oder Rituale im Kindergarten? Im Alltag oder zu besonderen Anlässen? Was wird damit beabsichtigt?

- Wird Mehrsprachigkeit bei gesungenen und gehörten Liedern angemessen berücksichtigt?

- Welche musikalischen Aktivitäten üben die Erzieher/innen aus? Welche Bedeutung hat Musik in ihrem Leben?

- Wie ist der »Lärmpegel« im Kindergarten in welchen Situationen und wie verschieden reagieren Kinder darauf? Wie verschieden empfinden das Erzieher/innen, Eltern?

Zur Umgebung

- Welche Geräuschkulissen umgeben die Kinder in ihrer Wohnumgebung? Welchen Anteil haben Naturgeräusche, Verkehrsgeräusche, Stille? Wie verändern sich die Geräuschkulissen je nach Tages- und Jahreszeit?

- Gibt es spezielle Musikangebote für Kinder unter sechs Jahren?

- Gibt es Musicals oder Tanzstücke für junge Kinder?

- Gibt es Angebote zur musikalischen Früherziehung und wie werden sie in die Kindergarten-Arbeit integriert?

Ziele: Das Kind in der Kindergemeinschaft

■ Ich-Kompetenzen
- Akustische Qualitäten und Wirkungen empfinden: Was ist mir angenehm, was erschreckt mich? Was unterscheidet lautes Lachen von einem Knall?
- Eigene musikalische Vorlieben und ihre Wirkung auf die eigene Gefühlslage erkennen
- Sich der eigenen Ausdrucksmöglichkeiten bewusst werden im Zusammenhang mit der Gruppe

■ Sozial-Kompetenzen
- Andere an ihrer Stimme erkennen: aufeinander hören
- Die Gefühlslagen der anderen an ihrer Stimme erkennen
- Sich der Klangkörper der anderen Kinder bewusst werden: Wie singen die anderen Kinder?
- Gemeinsam musizieren – Harmonie und Disharmonie durch Töne und Musik ausdrücken
- Sich der musischen Ausdrucksformen der anderen Kinder bewusst werden

■ Sach-Kompetenzen
- Wissen, was Singen vom Sprechen unterscheidet
- Höhen und Tiefen von Tönen unterscheiden
- Verschiedene Klangfarben kennen: weiche, harte Töne
- Einfache Rhythmen halten
- Puppen- und Theaterspiele mit Musik kennen
- Erfahrungen mit verschiedenen Instrumenten und deren Klang-Wirkungen machen

■ Lern-Kompetenzen
- Sich bewusst werden, dass gemeinsames Musizieren aufeinander hören und Absprachen erfordert
- Sich bewusst werden, dass es unterschiedliche musikalische Kulturen gibt
- Erkennen, dass Musik in Symbole umgesetzt werden kann
- Methoden und Techniken zum Verstärken, Dämpfen und Verfremden von Stimmen und Tönen kennen

Aufgaben der Erzieherinnen

■ Im Alltag des Kindergartens, z.B.
- Täglich miteinander singen und tanzen
- Üben von Liedern mit Texten
- Zeiten der bewussten Stille in der Gruppe schaffen
- Musikalische Rituale entwickeln
- Wiederkehrende Erfahrungen auch im Alltag mit Emotionen: Wie klingen traurige/heitere Lieder? Wie klingen die Stimmen der anderen, wenn sie glücklich/traurig/wütend sind?

■ Spielmaterial und Spielanregungen, z.B.
- Einfache Instrumente anbieten wie Trommeln, Harfen, Glöckchen, Zimbeln, die die Kinder immer nutzen können, daneben auch besonders eingeführte Instrumente wie z.B. Geigen oder Klarinetten für bestimmte Phasen der Projektarbeit

■ Projektarbeit, z.B.
- Tonaufnahmen im Kindergarten machen: Wie hört sich der Tag im Kindergarten an von früh bis spät – an unterschiedlichen Orten? Wer erkennt beim Abhören, wo wir sind, wann das ist und was passiert – daraus einen »Klangteppich« weben mit Symbolen für laut, leise, einzeln, gemeinsam, schnell, langsam: »Ein Tag im Kindergarten«
- Einen Gruppensong komponieren und mit selbst konstruierten Instrumenten spielen
- Wann schreien wir, wann flüstern wir, wann sprechen wir undeutlich, nuscheln wir – was erkennen die anderen daran? Wann fällt es mir leicht, in der Gruppe laut und deutlich zu sprechen? Wie fühlen nicht hörende Kinder Musik?

■ Raumgestaltung und Materialausstattung, z.B.
- Eine Bühne drinnen und draußen aufbauen
- Einige wenige wertvollere Instrumente organisieren (Eltern einbeziehen: Wer spielt ein Instrument und kann dies auch mit den Kindern tun?)
- Liederbücher und einfache Notenhefte nutzen
- Kassetten-Rekorder, Digitalkamera und Computer für Tonaufnahmen nutzen, Mikrophon, selbstgebaute Schalldämpfer, verschiedene Materialien, die durch Schwingungen Töne erzeugen, Wasserorgeln, Maultrommeln
- Orff'sche Instrumente

Weltgeschehen erleben, Welt erkunden

Analysefragen, die die Erzieherinnen mit Kindern bzw. Eltern erkunden:

■ Musik im Alltag

- Wo erleben Kinder auf ihren täglichen Wegen Musik? Straßenmusik, in Warenhäusern und anderen Geschäften?

- Wie wird diese Musik erzeugt? Original produzierte Musik, reproduzierte Musik? Welche Musik wird von wem bewusst wahrgenommen, welche weckt das Interesse von Kindern? Welche wird von wem als angenehm bzw. störend empfunden?

- Wie empfinden Kinder/Erzieherinnen diese Musik, welche Gemeinsamkeiten und welche Unterschiede gibt es zwischen den Kindern und zwischen Kindern und Erwachsenen?

- Gibt es wiederkehrende musikalische Ereignisse im Umfeld: Straßenfeste, Weihnachtsmärkte…? Könnte der Kindergarten hier selbst musikalische Beiträge einbringen?

- Können im Umfeld des Kindergartens oder in der Wohnumgebung der Kinder Vogelkonzerte gehört werden? Wann und wo genau? Wovon ist das abhängig (ökologische Voraussetzungen, Tageszeiten, Jahreszeiten, Wetter)? Welche Vogelstimmen können Kinder/Erzieherinnen unterscheiden?

- Gibt es Orte in der Umgebung, in der Grillenzirpen, Bienensummen, Froschquaken… erlebt werden können? Wann und wo genau? Wovon ist das abhängig (s.o.)? Kennen Kinder, Eltern, Erzieher/innen solche Musikerlebnisse von Reisen in andere Umgebungen?

■ Orte im näheren und weiteren Umfeld, an denen Musik bewusst erlebt werden kann

- Wo gibt es Musikschulen, welche Angebote machen sie? Können dort Instrumente ausgeliehen werden?

- Kann der Organist einer nahe gelegenen Kirchengemeinde gewonnen werden, ein Orgelkonzert für Kinder zu geben?

- Welche wiederkehrenden oder besonderen Möglichkeiten können im Saarland von Kindern, Eltern, Erzieherinnen genutzt werden, um große musikalische Ereignisse – auch ohne Geld – erleben zu können? Freiluftkonzerte im Sommer, Fête de la Musique und andere Musikfestivals…?

- Welche Angebote für Kinder machen saarländische Konzerthäuser? Sind sie erschwinglich? Gibt es Möglichkeiten, Freikarten zu erwerben? Könnten Musiker für Patenschaften für den Kindergarten/für musikbegeisterte Kinder aus Kindergärten gewonnen werden? Haben einzelne Eltern Verbindungen zu Musikern oder kennen sie jemanden, der Verbindungen hat?

Musik aus vergangenen Zeiten und anderen Kulturen

- Wo können Musikerfahrungen aus früheren Epochen auch heute erlebt werden: Museen, Gottesdienste in christlichen Kirchen, in einer Synagoge, in einer Moschee...

Musik in der globalisierten Welt

- Wie können Kinder und Erzieherinnen herausfinden, wie Musik ins Radio, ins Fernsehen kommt? Wie funktioniert eine Live-Übertragung eines Konzerts? Können Kindergruppen einen Radio- oder Fernsehsender besuchen und dort Antworten auf ihre Fragen bekommen?

- Kennen Kinder die Möglichkeit, Musik aus dem Internet herunter zu laden und auf eine CD zu brennen? Wissen sie um die Konsequenzen von illegalen Kopien für die Musiker, Musikverlage und Nutzer?

Ziele: Weltgeschehen erleben, Welt erkunden

■ Ich-Kompetenzen
- Lieblingsmusik und Lieblingslieder für verschiedene Stimmungslagen finden
- Akustische Wahrnehmungen ausdifferenzieren
- Lärm- und Stille-Empfindungen bewusst erleben

■ Sozial-Kompetenzen
- Sich selbst als Teil einer bestimmten musikalischen Tradition verstehen, indem andere Traditionen kennen gelernt werden
- Akustische Äußerungen anderer differenziert wahrnehmen

■ Sach-Kompetenzen
- Geräuschquellen identifizieren
- Lautstärken unterscheiden
- Differenzierte Begriffe für verschiedene Geräusche und Lautstärken bilden
- Wissen, wie in verschiedenen Ländern musiziert wird, Wie klingen unbekannte Sprachen, z.B. chinesische, nigerianische, russische ... Lieder?
- Lieder aus bestimmten traditionellen Zusammenhängen kennen: zu Festtagen oder Geburtstagen oder Jahreszeiten
- Tänze aus verschiedenen Zeitepochen kennen: Wie tanzt man Breakdance, Tango oder Menuett?
- Wissen, wie verschieden Musik in unterschiedlichen Räumen klingt

■ Lern-Kompetenzen
- Musik als Mittel der Kommunikation erkennen
- Musik und Tanz als Möglichkeiten zur Begegnung mit unbekannten Menschen nutzen
- Technische Medien zur Musikproduktion nutzen
- Musik als Ware verstehen lernen
- Etwas davon erkennen lernen, wie Menschen zu Stars werden

Aufgaben der Erzieherinnen

■ Im Alltag des Kindergartens, z.B.
- Verschiedenste Instrumente, Bilderbücher aus aller Welt
- Kinderlieder aus aller Welt singen, Musik aus verschiedenen Ländern und Epochen hören

■ Spielmaterial und Spielanregungen, z.B.
- Tanzspiele aus verschiedenen Kulturen
- Alte Tänze – neue Tänze
- Wasser- und Wind-Spiele, die Töne erzeugen; Stimme, mechanisch produzierte Klänge und elektronische Klänge verbinden (Karaoke mit instrumenteller Begleitung)

■ Projektarbeit, z.B.
- Welche Geräusche kann Wasser erzeugen, welche der Wind? Straßenmusikanten
- Ein Orchester besuchen, eine Kinderoper kennen lernen wie »Peter und der Wolf«, Welches war das Lieblingskinderlied meiner Eltern/Großeltern? Lieder und Rhythmen aus verschiedenen Zeitepochen und aus verschiedenen Ländern
- In einer Kirche Musik erleben: Eine Orgel kennen lernen und vom Organisten lernen – Warum ist die Orgel ohne elektronische Verstärkung laut genug? Welche Stimmung erzeugt Orgelmusik in der Kirche? Bei Erkundungen im Dorf, in der Stadt, im Wald Tonaufnahmen machen – daraus Ratespiele machen: Was hört sich wo wie an? Wer oder was erzeugt das Geräusch? Wie fühlt sich das für mich an – wie für andere Kinder der Gruppe?
- Lärmmessungen durchführen: im Kindergarten, vor dem Kindergarten, an verschiedenen Stellen im Wohngebiet, zu unterschiedlichen Tageszeiten, bei Regen, bei Schnee...

■ Raumgestaltung und Materialausstattung, z.B.
- Unterschiedlichste Materialien, mit denen Töne erzeugt werden können
- Unterschiedliche Klangkörper
- Medien wie Kassetten-Rekorder zur Produktion von Geräuschen benutzen
- Materialien und Medien zum Dämpfen bzw. Verstärken von Geräuschen

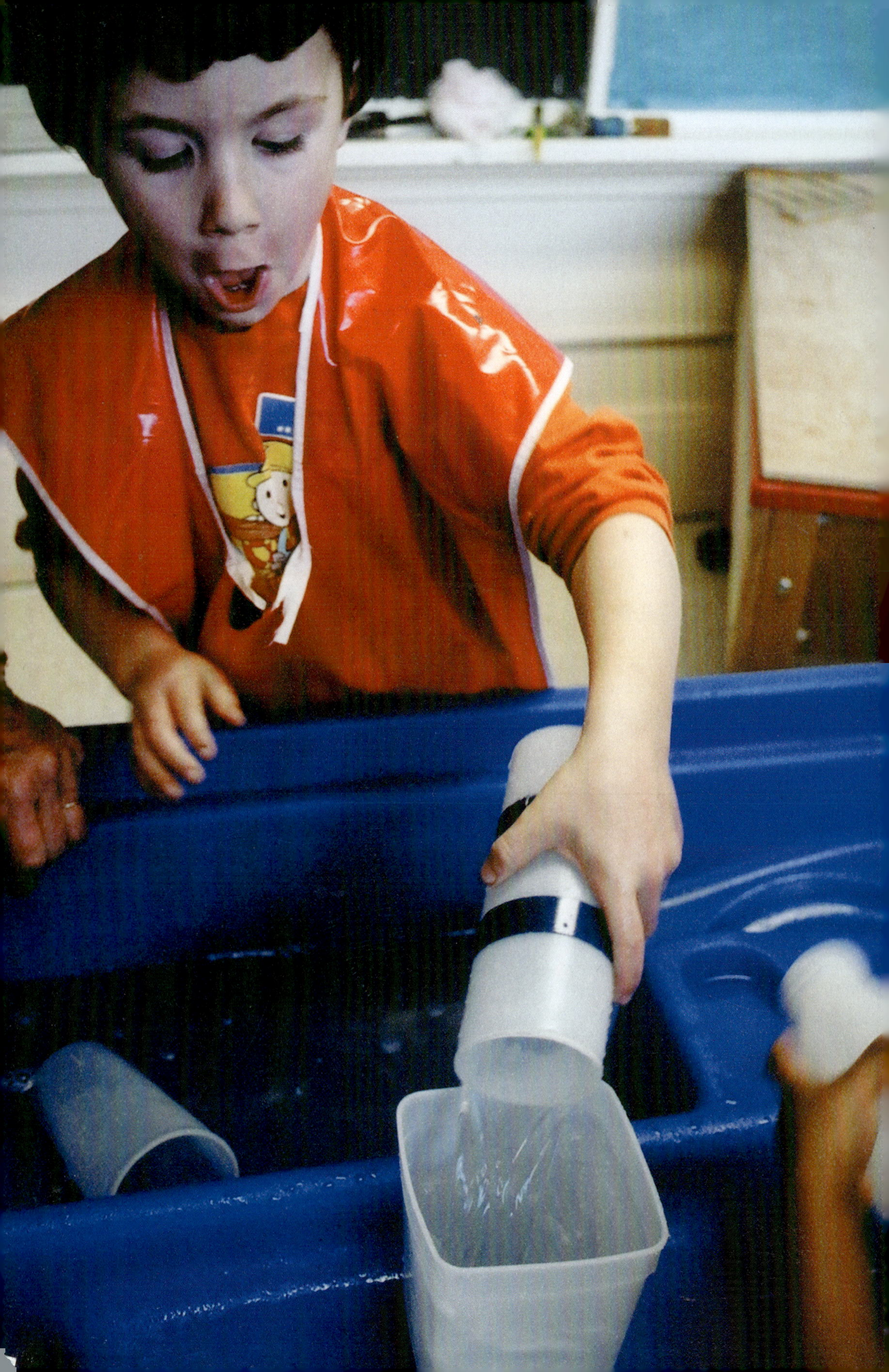

Bildungsbereich
Mathematische Grunderfahrungen

Das Buch der Natur ist in der Sprache der Mathematik geschrieben.
(Galilei)

Dieser Satz bestätigt sich in vielen Bereichen von Technik – insbesondere in der Informationstechnik –, Wirtschaft und Wissenschaft, sogar im Alltagsleben kommt man ohne mathematisches Verständnis nicht aus.

Die Mathematik – ursprüngliche Bezeichnung für »Wissenschaft« als solche – entstand in der Menschheitsgeschichte aus den praktischen Problemen des Zählens, Messens, Rechnens und aus geometrischen Aufgaben bei Hausbau und Landvermessung. Seit mehr als 2500 Jahren beschäftigt sich die Mathematik mit rechnerischen und geometrischen Ordnungsstrukturen unserer Welt und hat dabei die Aufgabe, natur-, wirtschafts- und sozialwissenschaftliche Erscheinungen mit Hilfe »mathematischer Modelle« zu beschreiben.

Die Grundlagen für mathematisches Denken werden in den ersten Lebensjahren entwickelt, wenn das Kind die ersten Erfahrungen mit Zeit und Raum, aber auch mit mathematischen Operationen wie Messen, Schätzen, Ordnen und Vergleichen machen kann. Mathematisches Denken ist »ein sich von den Gegenständen lösendes Denken« hin zu abstrakten Alltagsbegriffen. Mathematische Grunderfahrungen lassen sich nicht gelöst vom Alltagsgeschehen und den Fragen des Kindes erarbeiten. Gemäß dem Bildungsverständnis dieses Bildungsprogrammes konstruiert sich jedes Kind sein eigenes Bild auch von der Welt der Zahlen und Mengen und der sich daraus ergebenden Symbole und Ordnungsstrukturen.

Dass die Beschäftigung mit den Ordnungsstrukturen der Mathematik Spaß macht und einen faszinierenden Reiz ausübt, lässt sich bei Kindern aller Entwicklungsstufen beobachten, beispielsweise beim Erkunden von Regelmäßigkeiten und Mustern, bestimmten Reihenfolgen, Wiederholungen oder den Dimensionen von Zeit. Damit ermöglicht die Mathematik in einer unübersichtlichen Welt dem Kind ein Zurechtfinden im räumlichen Umfeld, im Fluss der Zeit und bietet Orientierung und Verlässlichkeit.

Für die Erzieherin kommt es erstens darauf an, die Freude der Kinder an der Begegnung mit Mathematik zu erhalten; zweitens soll sie den Aktivitäten des Alltags einen »mathematischen Stellenwert« verleihen, in dem sie sich z.B. sprachlich präzise ausdrückt, nicht etwa: »Wir brauchen für unser Spiel Stühle«, sondern »Wir brauchen vier Stühle, für jedes Kind einen.«

Die Bildungsbereiche

Der Bildungsbereich der mathematischen Grunderfahrungen umfasst insbesondere folgende Erfahrungsbereiche:

- Erfahrungen im Umgang mit Gegenständen und Dingen des täglichen Lebens und deren Merkmalen – wie Form, Größe und Gewicht, die ein Kind begreifen und klassifizieren kann
- Erfahrungen mit Zahlen in allen Größenordnungen – das Kind erwirbt Zahlvorstellungen, gelangt zum Zählen und erfährt das Wesen der mathematischen Grundoperationen Addition, Subtraktion, Multiplikation und Division
- Erfahrungen im Messen und Vergleichen – bezogen auf Länge, Breite, Höhe, Gewicht, Entfernung, räumliche und zeitliche Maße sowie Umgang mit Mengen
- Erfahrungen im Umgang mit Zeit – in Ablauf und Dauer, Gegenwart und Zukunft
- Geometrische Erfahrungen – ein- und mehrdimensional, Erfahrungen mit den Gesetzen der Perspektive sowie den Umgang mit Flächen und Körpern, d.h. mit Kreis, Dreieck, Rechteck und Quadrat und gleichermaßen mit Kugel, Kegel, Zylinder, Pyramide, Quader und Würfel
- Erfahrungen mit grafischer Darstellung – im Umgang mit Netzplänen, Übersichtskarten, Diagrammen oder Tabellen.

Fragen der Verlässlichkeit mathematischer Erfahrungen und Orientierung durch Zahlen und Formen (»Ist das immer so?«, »Woher weiß man das?«) leiten oft das Erkenntnisinteresse weiter zu philosophischen Fragen nach Herkunft und Entstehung naturwissenschaftlicher und anderer Phänomene.

Das Kind in seiner Welt

Analysefragen, die die Erzieherinnen mit Kindern bzw. Eltern erkunden:

Das einzelne Kind

- Zeigt das Kind Interesse an seinem Alter, an Zahlen, Telefonnummern oder ähnlichen Symbolen?

- Kennt es das Datum seines Geburtstags?

- Zeigt das Kind Interesse an Relationen im Alltag: mehr – weniger? größer – kleiner? schwer oder leicht?

- Stellt das Kind Fragen in Bezug auf Ordnungssysteme, wie Mengen, Nummerierungen, Reihenfolgen?

- Wie orientiert sich das Kind in räumlichen und zeitlichen Abläufen?

- Kann es diese Erfahrungen in Worte fassen, verwendet es Symbole?

Das Kind in der Gruppe

- Erfasst das Kind Situationen, in denen Bezug genommen wird auf Mengen – verteilen und zuordnen von Material, Besteck oder Geschirr?

- Kennt das Kind die für Spielsituationen wichtigen mathematischen Regeln – Abzählreime, »drittes Level« bei Computerspielen?

- Will das Kind gern »Erster« sein? Weiß es, wie viele Kinder in der Gruppe sind und wie viele fehlen?

- Wendet es sich bei schwierigen Situationen an andere Kinder?

Welterleben/Welterkunden

- Kennt das Kind seine Hausnummer?

- Kennt es das Grundprinzip einer Waage, einer Uhr, eines Kalenders?

- Weiß es, dass ein Geldschein »mehr« ist als zwei Geldstücke?

- Mit welchen technischen Medien kommt das Kind in der Familie in Berührung?

Ziele: Das Kind in seiner Welt

■ Ich-Kompetenzen
- Sein Alter kennen
- Anzahl von Augen und Ohren, Beinen und Armen, Fingern und Zehen, Kopf und Nase am eigenen Körper kennen
- Zeitverständnis entwickeln: ich werde abgeholt vor/nach dem Mittagessen, dem Schlafen, dem Obst-Essen

■ Sozial-Kompetenzen
- Mathematische Vorstellungen zum Strukturieren sozialer Situationen nutzen, z.B. teilen, abwechseln
- Anerkennen, dass andere Kinder andere Regelhaftigkeiten entwickeln, um Probleme zu lösen
- Mitteilen wie viele Teile es von einer Sache haben oder geben möchte

■ Sach-Kompetenzen
- Grundverständnis für Ordnungsstrukturen in der Zeit entwickeln (vorher – nachher, gestern – heute – morgen, Monate – Tage – Wochen)
- Zahlen kennen als Ordnungs- und Kardinalzahlen
- Seine Hausnummer, seine Telefonnummer kennen
- Größen- und Mengenvergleiche in Bezug auf sich selbst herstellen (kleiner als – größer als, ebenso groß wie…)
- Einsicht in Mengenvergleiche (zwei Beine, zwei Stühle…)
- Einsicht in das Gleichbleiben von Mengen (1 Liter in hohem Gefäß, in breitem Gefäß)
- Grundverständnis geometrischer Formen
- Grundkenntnisse im Umgang mit PC

■ Lern-Kompetenzen
- Fähigkeit, die ordnende Struktur der »Mathematik« zu entdecken und zu benutzen
- Lust am Forschen und Herausfinden entwickeln, z.B. in großen Zahlenräumen
- Irrtümer und Fehler als Herausforderung sehen, Ursachen ermitteln
- Erkenntnis, dass bestimmte Medien für mathematische Problemlösungen geeignet sind

Aufgaben der Erzieherinnen

■ Im Alltag des Kindergartens, z.B.
- Geburtstag vorbereiten und feiern
- Alltagssituationen sprachlich begleiten und kommentieren: Tisch decken, Stühle bereitstellen; Situationen des »Teilens« von Spielmaterial oder Essen
- Kontinuierliche Größen- und Gewichtsvergleiche anstellen (dieses Jahr, letztes Jahr)
- Bekanntmachen mit Zahlen und Symbolen in der für das Kind relevanten Wohnumgebung, wie Hausnummer, Telefonnummer, Stockwerk, Buslinien, Preisschilder, Autonummer, Straßennetz...
- Relevante Zeiten (TV, Sport...)
- Geometrische Grundformen und Gegenstände aus dem Alltagsleben in Verbindung bringen (Form der Tasse, des Frühstücksbrettchens, des Bausteins, des Balls...)
- Körperliche Sinneseindrücke mit abstrakten geometrischen Formen in Zusammenhang bringen (sich drehen = Kreisform; wir stehen im Rund und bilden einen Kreis)

■ Spielmaterial und Spielanregungen, z.B.
- Materialien zum Konstruieren und Auseinandernehmen für Turmbau u.a.
- Sand und Wasser
- Bücher mit »Zahlen« als Thema
- Gegenstände zum Ineinanderpacken, Auftürmen, Füllen etc.

■ Projektarbeit, z.B.
- »Ich bin ich!« – Beobachtung und Dokumentation bei jedem Kind, Vergleiche im Längenwachstum, Gewicht, Haarlänge, Fußlänge...
- »Wie wohne ich?« – Anzahl der Familienmitglieder, Alter, Zimmeranzahl, Etage...
»Mein eigenes Zahlenbuch«

■ Raumgestaltung und Materialausstattung, z.B.
- Geburtstagskalender, Messlatte für Körpergröße, mechanische Waagen, Messbecher, Maßband, alle Formen von Behältern (offene Würfel, Zylinder)
- Computer und ausgewählte Computerspiele
- Mathematisches Material von Montessori

Das Kind in der Kindergemeinschaft

Analysefragen, die die Erzieherinnen mit Kindern bzw. Eltern erkunden:

■ Die Kindergemeinschaft

- Welche Kinder machen deutlich, dass sie einen besonderen Zugang zur Welt der Zahlen, des Messens und Vergleichens haben? Welche Kinder haben daran wenig Interesse?

- Welche Kinder haben Freude daran, knifflige Situationen zu bearbeiten?

- Welche Kinder haben besonderes Interesse an mathematischen Herausforderungen in Medien?

■ Soziale Beziehungen in der Gruppe

- Wie viele sind wir? Wie viele Jungen, wie viele Mädchen?

- Wie viele Kinder sprechen französisch, deutsch, andere Sprachen? Wie viele kennen französische Wörter, Wörter in Luxemburgisch (Letzeburger Sproach)?

- Wer ist schon länger hier, wer ist neu? Wie lange ist jemand krank oder verreist?

- Wer wohnt wie und wo, bezogen auf mathematische Komponenten wie Straßen, Hausnummern, Stockwerke, Wohnungsgröße, Anzahl der Familienmitglieder?

- Gehen Jungen und Mädchen ähnlich an mathematische Fragestellungen heran, oder gibt es Unterschiede?

- Gibt es kulturspezifische Gemeinsamkeiten und Unterschiede bei mathematischen Fragestellungen?

Kindergarten-Kultur

- Wie sind Zahlen, Messinstrumente und andere Ordnungssysteme im Kindergarten repräsentiert?

- Welche Traditionen werden im Kindergarten gepflegt in Bezug auf das Sichtbarmachen mathematischer Strukturen im Alltagsleben (Kalender, Uhr, Anwesenheitstafeln)?

- Welchen Stellenwert hat für den Träger der Bereich »mathematische Grunderfahrungen«?

- Wie können Eltern einbezogen werden in mathematische Grunderfahrungen? Welche Eltern zeigen sich besonders interessiert?

- Welche Eltern haben Berufe, die mit Mathematik zu tun haben?

- Wie werden Computer und Computerprogramme im Kindergarten bereitgestellt und genutzt?

Ziele: Das Kind in der Kindergemeinschaft

■ Ich-Kompetenzen
- Ich kann dies und das und anderes als andere
- Ideen entwickeln und Initiative ergreifen bezogen auf mathematische Operationen: Vergleichen, Zählen, Addieren, Subtrahieren
- Eigene Interessen und Fertigkeiten entwickeln

■ Sozial-Kompetenzen
- Addieren und teilen wollen: sich zugehörig fühlen und sich unterscheiden
- Sich zu einer kleinen oder großen Gruppe von Freunden zugehörig fühlen
- Sich für eine kleinere oder größere Gemeinschaft von Kindern mitverantwortlich fühlen

■ Sach-Kompetenzen
- Wir brauchen soviel hiervon und davon auch!
- Erscheinungen differenziert wahrnehmen: Was ist gleich, was ist anders? Wer oder was ist größer – kleiner/länger – kürzer/schwerer – leichter?

■ Lern-Kompetenzen
- Kooperieren und arbeitsteilig an einer Problemlösung arbeiten, dabei besondere Stärken und Fähigkeiten der Beteiligten einsetzen
- Im Austausch unterschiedlicher Erfahrungen und Meinungen zu neuen Lösungen kommen

Aufgaben der Erzieherinnen

■ Im Alltag des Kindergartens, z.B.
- Verbalisieren der metrischen und kausalen Systeme, wie zeitliche Abläufe in der Tagesgestaltung (heute, morgen), Rhythmisierung durch Wiederholungen (Montag ist Waldtag), Zählen bei Alltagshandlungen (wie Tisch decken)
- Mit den Kindern planen, einkaufen, backen, kochen etc. Einkaufsliste erstellen, Preisvergleiche, Einschätzen, wieviel gebraucht wird, abwiegen und messen, zuordnen und verteilen
- Knobel- und Quizspiele; Tisch- u.a. Gesellschaftsspiele, die mit Zählen, Zuordnen, Sammeln zu tun haben
- Erzählen von Geschichten, die einen Zahlenrhythmus in sich tragen
- Abzählreime und Verse
- Bewegungsspiele, Musik und Tanz, die mit Abzählen, Zuordnen zu tun haben

■ Spielmaterial und Spielanregungen, z.B.
- Uhren in unterschiedlichen Größen und Ausführungen mit »Untersuchungscharakter«, Waagen mit verschiedenen Gewichten
- Kaufmannsladen mit Waage und Kasse
- Zahlenmaterial in unterschiedlichen Ausführungen, z.B. Schiebebretter mit beweglichen Kugeln zum Addieren und Subtrahieren
- Spielgeld
- Teppichfliesen mit Zahlen nummeriert
- Würfelspiele, Domino
- Spiele zur Raum-Lage-Wahrnehmung (unter dem Tisch, vor dem Schrank...)

■ Projektarbeit, z.B.
- »Wir messen unserem Kindergarten/unsere Räume/unser Außengelände« – mit eigenen Messinstrumenten wie Handspanne, Elle, Fuß, Schritte, Gegenstände und dokumentieren dies;
- »Entdeckungen im Zahlenland« – mit Zahlenhaus, -land, -weg
- »Umgang mit Geld« (Bedeutung und Wert des Taschengelds)
- »Wir machen ein Zahlenwandbild, ein Formenwandbild...«

■ Raumgestaltung und Materialausstattung, z.B.
- Symbole für Zeiterfahrungen (Tag – Monat – Jahr; Wochentage, Geburtstage, Festtage) entwickeln und deutlich kennzeichnen

Weltgeschehen erleben, Welt erkunden

Analysefragen, die die Erzieherinnen mit Kindern bzw. Eltern erkunden:

Entwicklungsgeschichte

- Wie wurde früher gezählt, gemessen, gewogen, gehandelt? Welche Maße und Gewichte kennen die Eltern/Großeltern?

- Wozu braucht man Zahlen und wo begegnen sie einem?

- Wie sind die Zahlen in die Welt gekommen und was bedeuten sie?

- Wie sind Messtechniken in die Welt gekommen und was bedeuten sie?

Erfahrungsmöglichkeiten in Verbindung mit mathematischen Grunderfahrungen

- Wie weit, wie lange müssen wir fahren, um ins Schwimmbad, in den Zoo etc. zu kommen? Mit welchen Linien fahren wir?

- Was kostet eine Eintrittskarte? Wieviel ist das in Münzen?

- Wie lange müssen wir laufen, um wohin zu kommen?

- Welche Kinder können kleine Aufträge (z.B. Einkaufen für das Gruppenfrühstück) erledigen?

- Was hat der Computer mit Zahlen zu tun? Welche Zahlen auf dem Telefon können Leben retten?

- Welche Zahlen auf der Fernbedienung führen zur Sesamstraße oder in den Kinderkanal?

Orte in Verbindung mit mathematischen Grunderfahrungen

- Welche Orte bieten sich an, z.B. das Heimatmuseum, die Bibliothek?

- Wie groß ist unser Heimatort? Sind alle Orte so groß? Wie wird die Größe von Orten auf Landkarten dargestellt?

- Wie weit und wie lange müssen wir fahren, bis die Menschen anders sprechen als wir?

- Wie lange fährt man bis zum Urlaubsort?

- Womit bezahlen die Menschen am Urlaubsort oder dort, wo die (Eltern der) Kinder herkommen? Wie heißt die Währung?

- Wie weit soll man zählen können, wenn man in die Schule kommt?

Ziele: Weltgeschehen erleben, Welt erkunden

■ Ich-Kompetenzen
- Orientierung finden durch wiederkehrende Ordnungsstrukturen
- Fähigkeit erlangen, sich in Zeit und Raum zu orientieren
- Eigene Fragen und Erkenntnisinteresse zum Ausdruck bringen
- Ideen entwickeln und Initiative ergreifen, Freude am Knobeln

■ Sozial-Kompetenzen
- Erwartungen und Fragestellungen anderer wahrnehmen
- Die Verschiedenheit der Interessen unterschiedlicher Gruppen wahrnehmen und anerkennen

■ Sach-Kompetenzen
- Grundlegende Eigenschaften des Zahlen- und Messsystems kennen, u.a. zur Antwort auf die Frage: Wie viele? Der wievielte? Wie oft?
- Im Zahlenraum von 0 bis 10 agieren können
- Zahlen in ihrer Funktion zur Kennzeichnung und zum Zählen erkennen (Wie viele? Der Wievielte? Wie viele Mal?)
- Verallgemeinerungen, Begriffe bilden: gemeinsame und verschiedene Merkmale von Phänomenen und Dingen identifizieren, benennen und zusammenführen
- Unterschiedliche Zahlensymbole kennen lernen
- Begriff von Ordnungssystemen (Zeiten, Zahlen, Reihenfolgen) zur Orientierung im Alltagsleben haben und erweitern können
- Grundlegende Kenntnisse über Gebrauch und Benutzung eines PC

■ Lern-Kompetenzen
- Erfahrungen und Vorstellungen ordnen, systematisieren und Beziehungen zwischen den Dingen und Erscheinungen herstellen
- Im »Team« zu neuen Lösungen kommen, dabei zielstrebig und beharrlich sein, Fehlern auf den Grund gehen;
- Erkennen, dass ein Teil der Welt aus metrischen und kausalen Systemen besteht und umgestaltet werden kann
- Erkenntnis, dass Mediengebrauch Wissen erweitert und Informationen beschafft

Aufgaben der Erzieherinnen

■ Im Alltag des Kindergartens, z.B.
- In der täglichen Begrüßung aller Kinder: Bekanntmachen mit Datum (Wochentag, Monat, Jahr) und dieses sichtbar machen
- Erfahrungen ermöglichen mit natürlichen Formen (Mineralien, Schnecken, Muscheln, Hölzer…), die man sammeln, ordnen (nach Größe, Farbe, Gewicht…) und klassifizieren und nach gemeinsamen und verschiedenen Merkmalen identifizieren kann
- Außenaktivitäten: Nutzen von Buslinien und Bahnen
- Medienerfahrungen: Reihenfolge der Kinder am PC, Zeitdauer am PC, gemeinsames Tun am PC…; Zeiten der Lieblingssendungen im TV
- Rätseleien, Knobelaufgaben anbieten

■ Spielmaterial und Spielanregungen, z.B.
- Globus und Landkarten
- Herstellen von Stadtplänen (Ortsplänen) nach Erkundungen, Flussverläufe eintragen
- Liniennetze von öffentlichen Verkehrsmitteln anschauen/selbst herstellen
- Gestalten mit kleinen und großen Fliesen in verschiedenen Farben und Formen (= Mosaike legen)
- Zahlen in verschiedenen Ausführungen (als Magnetformen, in Holz und anderen Materialien)
- Phantasiespiele: Was wäre, wenn alles dreieckig, kreisrund wäre?

■ Projektarbeit, z.B.
- Sammlungen anlegen, klassifizieren, dokumentieren, wie z.B. »Messgeräte früher – heute«
- Käfersammlung (Vergleich: Anzahl der Beine, Punkte…)
- Blätter von Pflanzen in Herbarien anlegen (Vergleich: Anzahl der Blattadern, Fächerungen…)
- »Wie schwer ist das?« – Schätzen, Wiegen und Vergleichen von Alltagsgegenständen
- Zahlen und geometrische Formen sammeln in der Umgebung (als Stöcker, Astgabeln…)
- »Wozu dient uns der PC?« – Was machen Mutter/Vater/andere Menschen damit? Was mache ich gerne am/mit dem PC? Wozu können wir ihn nutzen?

■ Raumgestaltung und Materialausstattung, z.B.
- Integration eines PC mit ausgewählter Software
- Platz für die Ausstellung der Sammlungen einrichten

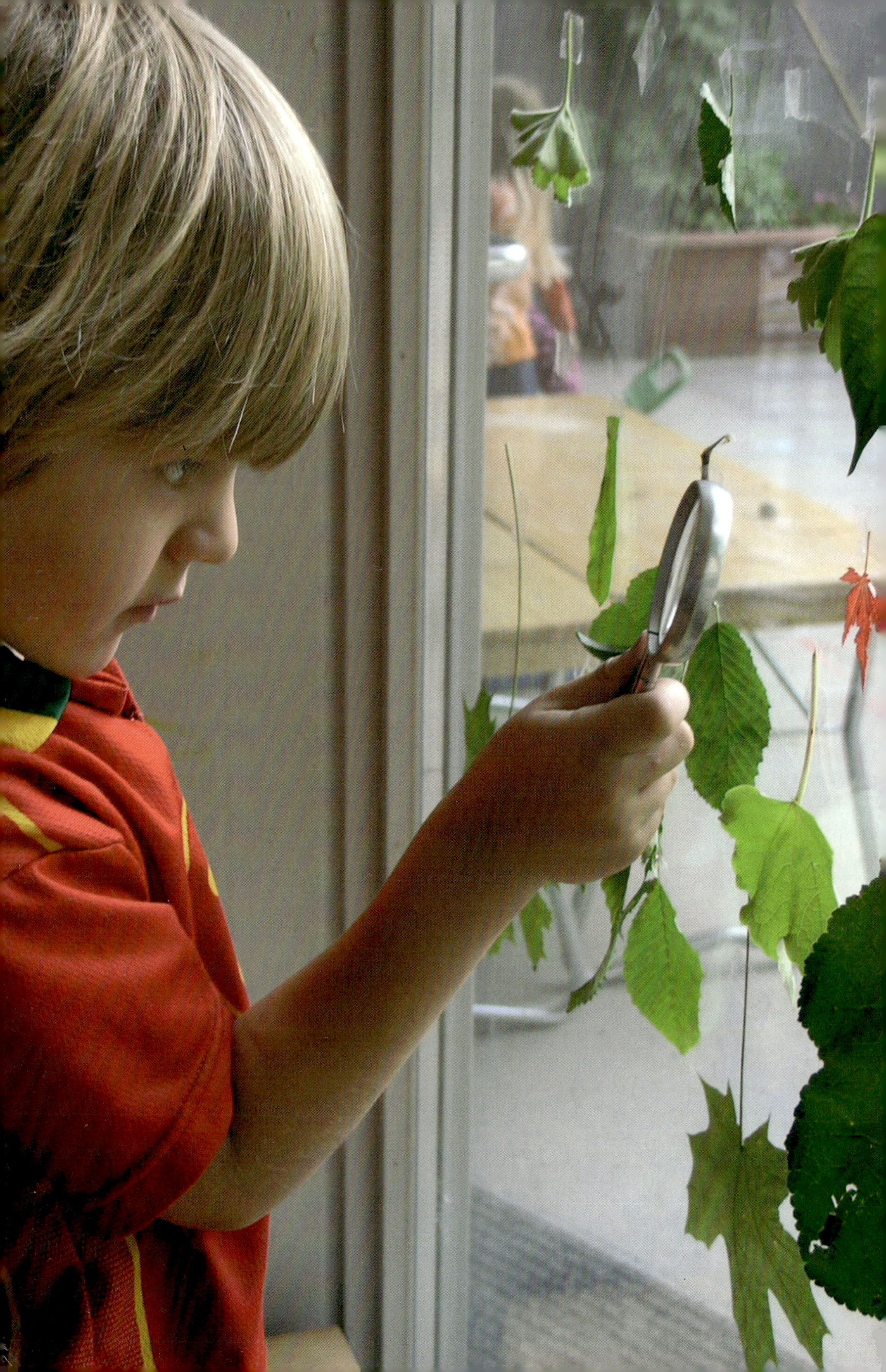

Bildungsbereich
Naturwissenschaftliche und technische Grunderfahrungen

Geheimnissen auf den Grund gehen

Mit all seinen Sinnen erschließt sich das Kind erste naturwissenschaftliche Erfahrungen und baut weiterführende Fragestellungen darauf auf. Ausgehend von den Erfahrungen mit konkreten Dingen und deren beobachtbaren Eigenschaften erkundet es die Beschaffenheit von Oberflächen, stellt Betrachtungen an zu Unterschieden und Gemeinsamkeiten, stellt sich und anderen Menschen Fragen zu tausend Wundern seiner Welt. Viele der »Warum-Fragen« des Kindes richten sich auf naturwissenschaftliche Phänomene der belebten und unbelebten Umwelt. Das Einbeziehen der belebten Welt – der Umgang mit Pflanzen und Tieren – ist traditioneller Bestandteil pädagogischer Arbeit, die Beschäftigung mit Chemie und Physik dagegen eher ungewohnt.[1]

Dabei macht das Kind auch Erfahrungen zu physikalischen Merkmalen der Schwerkraft, wenn etwas herunterfällt, zu physikalischen Eigenschaften (Aggregatzustände), wenn Pfützen gefroren sind oder der Schnee in der Wärme schmilzt, zu chemischen Verbindungen, wenn es den Kuchenteig rührt und nach dem Backen die veränderte Konsistenz bemerkt.

Das Interesse des Kindes und seine Fähigkeit zu verstehen sind groß, wenn es auf Erwachsene trifft, die die eigene Scheu aus unbefriedigender schulischer Erfahrung überwunden haben. Sie gehen ernsthaft Dingen auf den Grund und suchen den Kontakt mit Experten (Hausmeister, Biologe, Waldarbeiter...)[2]. Kinder sind nicht interessiert an exakten wissenschaftlichen Erklärungen, wohl aber wollen sie Phänomene ihrer unmittelbaren Lebenszusammenhänge verstehen können, besonders in der Kausalität von »wenn – dann«. Sie wollen ihre Beobachtungen ordnen und entschlüsseln, warum was wie geschieht. Ihre Erkenntnisse aus Mechanik und Optik führen sie immer wieder zu technischen Fragestellungen, wie z.B. ein Kran, der Motor eines Traktors, ein Brennglas funktionieren. Und wenn sie das geheimnisvoll erscheinende Phänomen des im Wasser aufgelösten Zuckerstücks erkennen, das erst verschwunden scheint, die Substanz sich doch dann wieder aus der Lösung zurückgewinnen lässt, werden grundlegende Einsichten für das Kind erschlossen auch für ein nachhaltiges Umweltbewusstsein, denn »kein Ding, keine Substanz verschwindet vollständig, wir müssen so entsorgen, dass die Dinge nicht stören oder schaden.«[3]

---

1   Im Sommer 2003 hat das saarländische Ministerium für Bildung, Kultur und Wissenschaft das Projekt »Kinder als Naturforscher« gestartet. Seine Ergebnisse vertiefen die folgenden Ausführungen auch mit praktischen Beispielen.
2   Elschenbroich, Donata: Das Rad erfinden (Videofilm)
3   G. Lück in D. Elschenbroich: Weltwissen der Siebenjährigen. S. 101

Das Kind in seiner Welt

Analysefragen, die die Erzieherinnen mit Kindern bzw. Eltern erkunden:

Das einzelne Kind

- Stellt es Fragen? Ist es neugierig? Ist es interessiert an Dingen und seiner belebten Umwelt?

- Hat es Freude beim Gebrauch aller Sinne beim Untersuchen von Dingen und belebter Umwelt?

- Ist es ausdauernd bei Beobachtungen, bei Untersuchungen? Zeigt es Ausdauer, seinen Fragen nachzugehen? Wie geht es mit Misserfolgen um? Fühlt es sich durch Schwierigkeiten herausgefordert? Zeigt es Interesse, selbstgestellte Probleme zu lösen und auf seine Fragen Antworten zu suchen? Hat es Vertrauen in seine Fähigkeiten? Ist es schnell entmutigt und gibt dann auf?

- Hat es Interesse an technischen Vorgängen, an naturwissenschaftlichen Erscheinungen, an Tieren und Pflanzen? Ist es achtsam mit Pflanzen und Tieren? Hat es Angst vor Tieren, vor welchen?

- Zeigt es bei ungewöhnlichen Ereignissen Erstaunen, und hat es eine Wahrnehmung für ungewöhnliche Phänomene (in der Natur, bei technischen, chemischen oder physikalischen Experimenten?

- Lässt es sich durch Anregungen zu eigenen Erkundungen motivieren?

- Macht es Erfahrungen damit, etwas bewirken zu können? Welche?

- Fordert es Aufmerksamkeit für seine Fragen?

- Kann es seine Erfahrungen verbalisieren, welche Begrifflichkeiten hat es zur Verfügung, welche fehlen ihm?

- Was kennt das Kind an Darstellungen naturwissenschaftlicher und technischer Phänomene in den Medien?

▬ Das Kind in der Gruppe

- Hat es Freude mit anderen Kindern Dinge zu untersuchen, zu experimentieren, Phänomenen auf den Grund zu gehen, dem Wetter, der Tier- und Pflanzenwelt, Beschaffenheiten der Stoffe, technischen Vorgängen?

- Lässt es sich durch andere Kinder zu Forschungsaktivitäten anregen?

- Gibt es anderen Kindern Impulse, Erkundungen nachzugehen? Stellt es dann seine Fertigkeiten zur Verfügung?

- Wendet es sich an andere um Hilfe, wenn es mit eigenen Erkundungen nicht weiterkommt? Kann es technische Medien nutzen?

- Kann es sich mit anderen darüber verständigen, wie Lösungswege von Problemen aussehen könnten?

Ziele: Das Kind in seiner Welt

■ **Ich-Kompetenzen**
- Fragen stellen und Dingen auf den Grund gehen
- Freude haben, mit Ausdauer Dinge zu untersuchen
- Freude haben, Tiere und Pflanzen zu pflegen

■ **Sozial-Kompetenzen**
- Vorschläge und Lösungen zu Erkundungen mit anderen entwickeln
- Anderen Erkundungswege vorschlagen
- Mit anderen Tiere und Pflanzen pflegen

■ **Sach-Kompetenzen**
- Dinge und Erscheinungen differenziert wahrnehmen und dabei alle Sinne einsetzen
- Begrifflichkeiten bilden und verwenden über die Beschaffenheit von Dingen, zu Ähnlichkeiten und Unterschieden in der Umwelt, bei Tieren und Pflanzen, zu physikalischen und chemischen Erscheinungen, zu technischen Vorgängen
- Fertigkeiten entwickeln im Umgang mit Dingen, Tieren und Pflanzen, selbständige Bedienung technischer Geräte wie Kassettenrecorder, Telefon, einfache Computerprogramme
- Ein Grundverständnis entwickeln zur Unterscheidung von Realität und Virtualität in bezug auf Medien
- Ein Grundverständnis von Ökologie erwerben und der Pflege der Umwelt

■ **Lern-Kompetenzen**
- Ursache- und Wirkungszusammenhänge herstellen, Erfahrungen und Vorstellungen ordnen, systematisieren und Beziehungen zwischen Dingen und Erscheinungen herstellen
- Grundverständnis dafür entwickeln, dass es verschiedene Möglichkeiten gibt, zu einem Thema Erfahrungen zu sammeln und etwas zu lernen
- Ein Grundverständnis entwickeln, dass Fragen, Forschen und Nachdenken beim Lernen hilft, eigene Stärken ausbauen wollen
- Freude am Suchen und Ausprobieren von Lösungswegen, am Experimentieren, am Forschen und Knobeln, am Überwinden von Schwierigkeiten

Aufgaben der Erzieherinnen

■ Im Alltag des Kindergartens, z.B.
- Zeit und Raum in der Tagesgestaltung für die Explorationen des einzelnen Kindes vorsehen und mit ihm über seine Erfahrungen sprechen
- Es zu Beschreibungen ermuntern und seine Begrifflichkeiten erweitern
- Die Fragen des einzelnen Kindes sachgerecht und entwicklungsgemäß beantworten
- Es zu weiteren Erkundigungen anregen und die dafür nötigen Materialien bereitstellen
- Das einzelne Kind unterstützen, Fähigkeiten zu erwerben bei der Pflege von Tieren und Pflanzen, bei der Gartenarbeit, beim Verstehen von Phänomenen wie Krafteinwirkung, Hitze, Verformung, Verdunstung..., von technischen Vorgängen
- Warum-Fragen der Kinder ernst nehmen und sie nach eigenen Erklärungen suchen lassen

■ Spielmaterial und Spielanregungen, z.B.
- Viele Naturmaterialien ohne Festlegung; technisches Spielzeug (Hebel, Waage, Magnet, schiefe Ebene, Räder, Vergrößerungsgläser, Lupendosen, Periskope)
- Haushaltsgegenstände in der Wasserexperimentierecke (zum Schöpfen und Umgießen), die das einzelne Kind selbstbestimmt nutzen kann
- Bilderbücher und Sachbücher zu Naturerscheinungen, die für das einzelne Kind zu erschließen sind
- Bausteine, ausreichend und in verschiedenen Formen und Größen, technische Medien wie Kassettenrecorder, Computer

■ Projektarbeit, z.B.
- Berufe der Eltern und Nachbarn mit Bezug zu Naturwissenschaften und Technik; (Müllwerker, Botaniker, Schornsteinfeger...)
- Mein Haustier
- Ich habe ein eigenes Beet im Kindergarten
- Ich habe etwas erlebt, was mit Feuer, Wasser, mit Wetter zu tun hat
- Versuche von Kindern selbst durchführen lassen

■ Raumgestaltung und Materialausstattung, z.B.
- Nischen und Räume, in denen einzelne Kinder experimentieren können
- Im Außengelände Erfahrungsanregungen mit Sand, Wasser, verschiedenen Naturmaterialien, die einzelne Kinder ungestört nutzen können
- Bilder an den Wänden zu Naturereignissen, von Konstruktionszeichnungen, technischen Bauwerken und Geräten, Fotodokumentationen, in denen das einzelne Kind seine Experimentier- und Forschungserlebnisse wiederfindet: Medien...

Das Kind in der Kindergemeinschaft

Analysefragen, die die Erzieherinnen mit Kindern bzw. Eltern erkunden:

Die Kindergemeinschaft

- Welche Fragen stellen die Kinder zu naturwissenschaftlichen Phänomenen, zu technischen Vorgängen? (z.B. zum Wetter, zu Tag- und Nacht, zum Lichtschalter, zu Schatten, zu Ampeln, zu Waschmaschinen, zum Fernseher, zum Telefon)

- Was wissen sie darüber? Welche Erklärungen finden sie? Welche Begriffe benutzen sie, um Phänomene zu beschreiben?

- Wie planen sie ihre Untersuchungen, ihre Erkundungen?

- Welche Kinder interessieren sich besonders für Tiere und Pflanzen, welche mehr für andere naturwissenschaftliche und technische Phänomene?

- Wo kommen die Kinder in Berührung mit dem Konservieren von landwirtschaftlichen Produkten, mit Vorratshaltung, Tiefkühltruhen?

- Welche Kinder haben zu Hause einen Garten oder Tiere, wie sind sie in die Bearbeitung/Versorgung einbezogen?

Soziale Beziehungen in der Gruppe

- Welche Kinder finden sich zusammen, um Erkundungen anzustellen? Welche Kinder interessieren sich für bestimmte Sachthemen und bilden kleine Expertengruppen?

- Welche Kinder sind als Teilgruppe besonders ansprechbar bei der Pflege von Tieren, bei der Beschäftigung im Garten, welche Teilgruppen sind mehr interessiert an Technik?

- Welche Kinder helfen sich gern untereinander bei Erkundungen, bei Aktivitäten im Umfeld, bei der Pflege von Tieren?

Kindergarten-Kultur und Familie, Ausstattung

- Welche Erfahrungsmöglichkeiten bietet der Kindergarten für naturwissenschaftliche Grunderfahrungen im Außengelände? Wie ist die Ausstattung mit Naturmaterialien, wie mit Sand, Stöcken, Steinen und Wasser?

- In welchen Innenräumen kann experimentiert werden? Was ist in den Waschräumen möglich, was in den anderen Räumen? Welche Materialien und Experimentiergelegenheiten gibt es?

- Welche sind frei zugänglich, welche nur auf Anfrage?

- Welche technischen Geräte gibt es und haben die Kinder dazu Zugang?

- Gibt es die Möglichkeit, mit Feuer umzugehen?

- In welchem Rahmen können die Kinder selbstbestimmt in frei gewählten kleinen Gruppen tätig sein?

- Welche Möglichkeiten haben die Kinder mit anderen in den Räumen oder draußen Tiere und Pflanzen zu pflegen?

- Können sich Kinder beteiligen bei der Raumgestaltung, der Gestaltung des Außengeländes, bei der Planung, bei Erwägungen zu ökologische Gesichtspunkten?

- Welche Eltern können einbezogen werden für naturwissenschaftliche Grunderfahrungen, welche für technische? Welche Eltern sind besonders interessiert?

- Welche Dokumentationsformen werden angewendet, um naturwissenschaftliche und technische Grunderfahrungen nachhaltig für die Kinder präsent zu erhalten?

Ziele: Das Kind in der Kindergemeinschaft

■ Ich-Kompetenzen
- Anderen Fragen stellen und Dingen auf den Grund gehen wollen
- Ausdauernd mit anderen Untersuchungen anstellen
- Hartnäckig mit anderen an einer Sache dran bleiben und bei Misserfolgen nicht aufgeben

■ Sozial-Kompetenzen
- Sich einbringen mit Vorschlägen und Lösungen bei Erkundungen
- Fragen von anderen aufgreifen und Lösungsvorschläge machen
- Die Verschiedenheit der Interessen von anderen Kindern wahrnehmen und schätzen
- Die Freude empfinden, mit anderen Erfahrungen zu machen und Lösungen zu finden
- Mit anderen Lebewesen und Pflanzen gewissenhaft pflegen

■ Sach-Kompetenzen
- Fertigkeiten in der Handhabung von Arbeitstechniken, Werkzeugen, Materialien und technischen Geräten (u.a. PC) entwickeln
- Bereitschaft von anderen zu lernen, mit anderen Dingen auf den Grund gehen
- Gemeinsam mit anderen Verallgemeinerungen und Begriffe bilden
- Fertigkeiten entwickeln, in einer Gruppe zu experimentieren
- Die eigenen Fertigkeiten bei Erkundungen in einer Gruppe zur Verfügung stellen

■ Lern-Kompetenzen
- Kooperieren und arbeitsteilig an einer gemeinsamen Sache arbeiten
- Grundverständnis dafür entwickeln, dass die eigenen Erkenntnisse in der Erkundung mit anderen sich erweitern oder revidiert werden müssen
- Zusammenhänge erkennen: Welchen Einfluss hat der eigene Beitrag bei Erkundungen
- Erkenntnisse dazu, dass Lösungen mit anderen leichter gefunden werden können
- Grundverständnis dafür entwickeln, dass aufgezeichnete oder dokumentierte Erfahrungen mit anderen die eigenen Erkenntnisse sichern und vertiefen

Aufgaben der Erzieherinnen

■ Im Alltag des Kindergartens, z.B.
- Tagesgestaltung, die Kleingruppenarbeit vorsieht und die alltäglichen naturwissenschaftlichen und technischen Grunderfahrungen zum Beobachtungs- und Gesprächsgegenstand macht, z.B. beim Kochen und Backen zur Unterscheidung von Geruch, Tasten, Messen, Wiegen, Mischen von Substanzen, die sich mit dem Erhitzen verändern..., beim Säen und Pflanzen drinnen und draußen und dem Beobachten von verschiedenen Wachstumsbedingungen, bei der Pflege von Tieren, die unterschiedliche Größen haben
- Verschiedene Oberflächen
- Vergleiche und Unterschiede von Vorlieben: ich mag gerne Süßes, andere Kinder mögen Salziges...
- Wo schmecke ich Süßes, Salziges...?
- Gespräche über Erfahrungen der Kinder mit Medien (Zeitungen, Fernseher, Filme, Computer, Werbung...)

■ Spielmaterial und Spielanregungen, z.B.
- Technisches Spielzeug und technische Gegenstände, Wecker, Radio, Taschenlampen, Spiegel, Bücher über Natur und Naturerscheinungen (Wetter, Tiere, Pflanzen)
- Einfache Versuchsanordnungen über technische Errungenschaften (wie funktioniert was, wozu dient es?), auch für Experimente, die von kleineren Spielgruppen selbstbestimmt nutzbar sind mit entsprechendem Material

■ Projektarbeit, z.B.
- Licht- und Schattenspiele
- Wasserexperimente, Energie- und Wasserverbrauch im Kindergarten, Mülltrennung, Kompost, Kräuterschnecke
- Zu Lebenszyklen wie Tod und Vergehen, Keimen, Gebären und Wachsen
- Einbeziehen technischer und naturwissenschaftlicher Berufe der Eltern, der Nachbarn
- medienpädagogische Projekte zu Fernsehen, Video und Computer

■ Raumgestaltung und Materialausstattung, z.B.
- Experimentierecken oder -raum mit Lupen, Mikroskop, Pipetten, Spritzen, Füllgläsern mit Deckel, alte Brillengläser; auch zur Untersuchung von Kleintieren,
- Fotodokumentationen zu Experimenten
- technische Geräte wie Fotoapparat, Kassettenrekorder, Computer
- Gartenanlage zum Säen und Pflanzen, ökologische Gestaltung des Außengeländes unter Beteiligung der Kinder

Weltgeschehen erleben, Welt erkunden

Analysefragen, die die Erzieherinnen mit Kindern bzw. Eltern erkunden:

Orte und Veranstaltungen im Umfeld des Kindergartens

- Welche technischen Einrichtungen interessieren die Kinder in der Umgebung des Kindergartens, im Heimatort? (Verkehrstechnik wie Ampeln, beim Straßenbau, Strichcodescanner im Supermarkt, elektronische Waagen, technische Geräte beim Hausbau…)

- Wie funktioniert Straßenbau, wie Häuserbau, wie die Stromversorgung, das Trinkwasser- und Abwassersystem?

- Welche Verkehrsmittel gibt es in der Umgebung des Kindergartens und wie funktionieren sie?

- Was unterscheidet Stadt und Land hinsichtlich Natur und Technik? Was kann man wo erleben?

- Gibt es Tiere in der Umgebung und welche? Wodurch unterscheiden sich die Tiere? Welche kommen natürlich vor, welche Haustiere werden gehalten und wo? Welche Arten kennen die Kinder? Welche Kinder haben zu Hause Tiere und welche?

- Wo in der Umgebung treffen wir auf Medien, wo werden Computer eingesetzt, wie sind wir von Werbung umgeben?

Veränderungen in der Umgebung

- Was wissen die Menschen im Umfeld, die eigenen Eltern und Großeltern, die Nachbarn, wie die Straßen, die Häuser, die Bauernhöfe früher ausgesehen haben? Welche technischen Geräte wurden früher benutzt, die es heute nicht mehr gibt?

- Welche Verkehrsmittel haben die eigenen Eltern, Großeltern früher benutzt und wo kann man die heute sehen?

- Wie wurden früher Briefe transportiert und wie ist das heute? Warum gibt es immer weniger Telefonzellen, Postämter und Briefkästen?

- Wie verändert sich die Umgebung des Kindergartens in den Jahreszeiten?

Andere Orte

- Welche Orte oder Einrichtungen kennen die Kinder in der weiteren Umgebung in Bezug auf Naturerlebnisse oder technische Erfahrungen? (Kinderbibliothek, technisches Museum, Ausstellungen mit Fühl- und Tasterlebnissen, Naturhandwerk, Internetcafe...)

- Welche Einrichtungen in der weiteren Umgebung sind geeignet, dass Kinder mit allen Sinnen ihr Wissen erweitern können und naturwissenschaftliche und technische Erfahrungen machen können?

- Welche Erfahrungen haben die Kinder mit Landleben, welche Erfahrungen mit Stadtleben? Welche Erfahrungen haben ihre Eltern und ihre Verwandten? Was ist anders auf dem Land, in der Natur, beim Wetter, bei Verkehrstechnik ... im Unterschied zur Stadt und warum ist das so?

- Welche Erfahrungen haben die Kinder mit Natur und Wetter in anderen Ländern? Welche anderen Tiere und Pflanzen gibt es da, wie unterscheidet sich das Wetter und warum ist das so?

- Welche Techniken benutzen die Menschen in anderen Ländern im Verkehr, beim Häuser- und Straßenbau, in der Landwirtschaft?

- Mit welchen Institutionen kann kooperiert werden, mit Grundschulen, mit medienpädagogischen Fachdiensten, Architekturbüros, Handwerksbetrieben, Umweltschutz- und Naturschutzverbänden...?

Ziele: Weltgeschehen erleben, Welt erkunden

■ Ich-Kompetenzen
- Die Umwelt als eine Quelle für vielfältige Erfahrungen erleben und genießen
- Ideen entwickeln für Erkundungen im Umfeld

■ Sozial-Kompetenzen
- Sich in der Gruppe einbringen mit den eigenen Fähigkeiten
- Erwartungen und Bedürfnisse anderer wahrnehmen, sich hineinversetzen können und darauf eingehen
- Mit anderen die Verschiedenheit der Interessen im Heimatort erkunden und wahrnehmen

■ Sach-Kompetenzen
- Ökologisches Grundverständnis über die Welt entwickeln
- Bemerken, wie natürliche Elemente miteinander in Verbindung stehen
- Beobachten, Zuordnen, Vorhersagen, Versuchen, Prüfen, Schlussfolgern lernen bei Umwelterkundungen
- Grundbegriffe von den Beziehungen von Raum und Zeit, von Naturerscheinungen bilden und richtig anwenden

■ Lern-Kompetenzen
- Im Austausch mit anderen erkennen, dass es sich lohnt, eigene Erkenntnisse zu revidieren und andere Erkenntnisse ins eigene Weltbild einzubauen
- Erfahrungen und Vorstellungen ordnen, systematisieren und Beziehungen zwischen den Dingen und Erscheinungen herstellen
- Untersuchungsfragen entwickeln
- Erklärungsversuche und deren Prüfung als Quelle neuer Erkenntnisse erleben, Hypothesen bilden und sie prüfen
- Bewusstheit anbahnen über die Wirksamkeit von umweltfreundlichen Technologien
- Experimente entwerfen und durchführen

Aufgaben der Erzieherinnen

■ Im Alltag des Kindergartens, z.B.
- Gespräche und Erkundungen mit den Kindern über die jahreszeitlichen Veränderungen in der Umgebung; Erkundung öffentlicher Plätze (Brunnen, Grünanlagen, Denkmäler...)
- Gespräche über Müll und Abfall im Kindergarten, in der Umgebung des Kindergartens; über Verkehrstechnik (Autos, Busse, Traktoren, Hubschrauber...)
- Gespräche über ihre Erfahrungen mit Medien (Fernsehen, Video, Werbung, Zeitungen, Computer...)

■ Spielmaterial und Spielanregungen, z.B.
- Vielseitige Forschungs- und Experimentiergegenstände, die bei den Erkundungen von belebten und unbelebten Dingen helfen und die Erfahrungen in der Umgebung vertiefen und entschlüsseln helfen

■ Projektarbeit, z.B.
- Zu Stromkreis, Schallwellen, Schwerkraft, Wasserkreislauf
- Natur-Ereignisse, denen die Kinder in der Umgebung begegnet sind und die im Kindergarten vertieft werden, z.B. zum Wetter: Wetterkalender, Sonnenstand oder Schattenspiele, Regenmengen in Behältnissen sammeln und vergleichen, Windbeobachtungen mit Windsack, Papierfliegern, Drachen. Warum fliegen Flugzeuge? Warum schwimmen Dampfer?
- Besichtigungen vom Wasserwerk, vom Elektrizitätswerk, der Kläranlage, eines Chemielabors
- Was ist ökologischer Landbau, was sind regionale, saisonale Produkte?

■ Raumgestaltung und Materialausstattung, z.B.
- Experimentier- und Forschungsecken
- Bilder von Naturerscheinungen
- Ausstellungen zu Naturerfahrungen und zu den Projekten der naturwissenschaftlichen Experimente, die zu weiterführenden Erkundungen führen
- Ausstellung von Fotosafaris zu naturwissenschaftlichen und technischen Erkundungen in der näheren und weiteren Umgebung
- Große Dokumentationsflächen
- Einbezug vielfältiger Medien, insbesondere Sachbücher, Lexika, entsprechende CD-Roms
- Poster und Fotos von Bauwerken, Konstruktionszeichnungen, technischen Errungenschaften

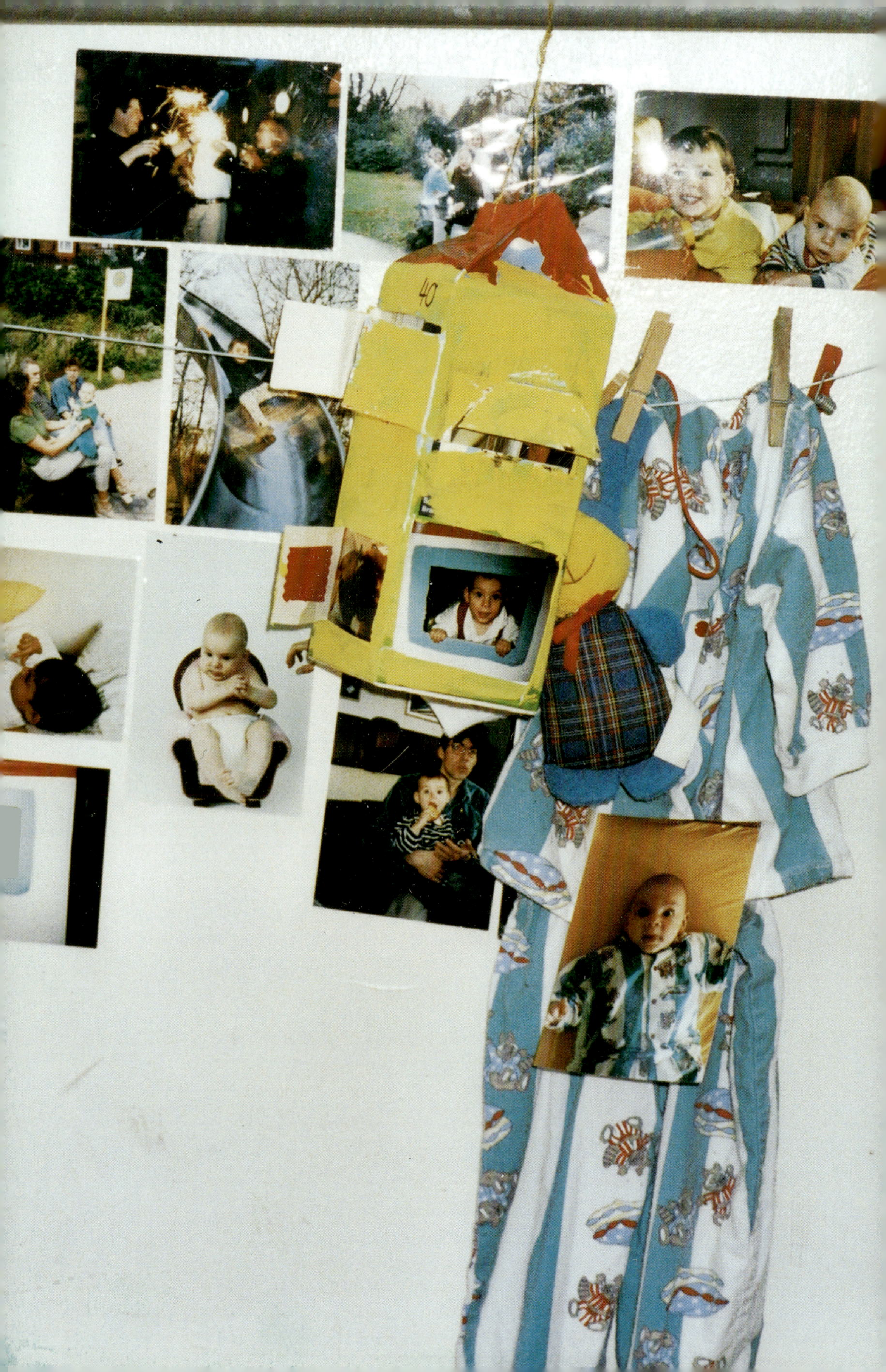

Zusammenarbeit mit Eltern

Eltern und/oder andere Erziehungsberechtigte sind die ersten und fast immer die wichtigsten Bindungspersonen eines Kindes und dadurch die wichtigsten Partner der Kindertageseinrichtung bei der Bildung und Erziehung der Kinder.

Jedes Kind reagiert mit besonderer Sensibilität auf seine verschiedenen Bindungspersonen. Auch jeder Erwachsene hat seinen ganz speziellen Zugang zum Kind und nimmt eigenen Einfluss auf das Bild, das sich das Kind von der Welt macht, indem er seine Wünsche, Vorstellungen und Themen an das Kind heran trägt. Wenn wir Bildung als einen sozialen Prozess verstehen, müssen wir die entscheidende Rolle der Bindungspersonen des Kindes beachten: Neben den Eltern wirken auch andere Bindungspersonen auf die Bildungsprozesse des Kindes ein – allen voran die Erzieherinnen und Erzieher. Die Beziehungen zwischen den wichtigsten Bezugspersonen des Kindes beeinflussen sich gegenseitig und müssen im Interesse einer bestmöglichen Entwicklung des Kindes auch in ihrer Wechselwirkung beachtet werden.

Das Kind erfährt durch die Erzieherin dann Respekt für seine Identität, wenn die Erfahrungen im Kindergarten mit seinen Erfahrungen aus der Familie im Einklang stehen. Je mehr das Kind erlebt, dass seine Eltern und die Kultur seiner Familie respektiert und geachtet werden, desto eher kann es ein positives Bild von sich in der Welt entwickeln. Entsprechend dem Konzept der wechselseitigen Anerkennung[1] ist eine gegenseitige Wertschätzung zwischen den wichtigen Bindungspersonen des Kindes unverzichtbar, um dem Kind die Entwicklung eines positiven Selbstbildes zu ermöglichen. Die Beziehung zwischen Eltern und Erzieherinnen ist also von grundlegender Bedeutung.

Zu einer gelingenden Zusammenarbeit zwischen Eltern und Erzieherinnen gehören der intensive und regelmäßige Austausch und die Abstimmung über Bildungs- und Erziehungsziele, somit auch über Themen, die an die Kinder heran getragen, die ihnen zugemutet werden.

»Diese Diskussion muss ... in geeigneter Weise mit den Eltern geführt werden: Fehlt ihre Zustimmung, kann fast alles blockiert werden, was die Erzieherinnen den Kindern zumuten möchten. Sie sind die wichtigsten Bindungspersonen für die Kinder, gegen sie könnte Erziehung in Kindertagesstätten kaum Erfolg haben. Die Eltern müssen für die wichtigen Themen gewonnen werden und fast alle Eltern lassen sich auch gewinnen, wenn sie verstehen können, welche Gründe für ein vorgeschlagenes Vorgehen sprechen.«[2]

Der gemeinsame Diskurs von Eltern und Erzieherinnen über Ziele und Inhalte von pädagogischer Arbeit dient so der Unterstützung von Bildungsprozessen der Kinder und beinhaltet wichtige Elemente von Elternbildung.

---

1 vgl. Leu, H. R.: Die »biografische Situation« als Bezugspunkt eines sozialisationstheoretischen Subjektverständnisses, in: Leu./Krappmann (Hg.): Zwischen Autonomie und Verbundenheit – Bedingungen und Formen der Behauptung von Subjektivität. Frankfurt am Main 1999, S. 77-107
2 Laewen/Andres (Hg.): Forscher, Künstler, Konstrukteure. Neuwied, Kriftel, Berlin 2002, S. 57

Der Übergang von der Familie in den Kindergarten

Austausch und Verständigung zwischen Kindergarten und Eltern beginnen bereits vor der Aufnahme des Kindes. Damit Eltern jene Kindertagesstätte auswählen können, die ihren Vorstellungen und Wünschen entspricht, machen die Kindertageseinrichtungen ihr jeweiliges pädagogisches Konzept in geeigneter Form (also nicht nur schriftlich) öffentlich und laden Eltern ein, den Kindergarten-Alltag durch Hospitationen, Elterncafés, Spielnachmittage o.ä. kennen zu lernen. Bereits hier können sich die Kinder und Eltern der zukünftigen Gruppe begegnen und erste Kontakte knüpfen.

Bei einem intensiven Aufnahmegespräch erläutert die Erzieherin den Eltern das Eingewöhnungskonzept der Einrichtung und verdeutlicht, welche wesentliche Rolle eine gute Beziehung zwischen Kindergarten und Familie für die Bildung und Erziehung des Kindes spielt. Wichtig ist, dass bei diesem Gespräch nicht nur die Leiterin mit den Eltern spricht, sondern auch die Erzieherin, von der das Kind eingewöhnt werden wird. Um Brüche für das Kind beim Übergang von der Familie in die Kindertageseinrichtung zu vermeiden, tauschen sich Erzieherin und Eltern über Vorlieben und Abneigungen des Kindes und über Rituale und Werte in der Familie und in der Einrichtung aus und stimmen sich ab. Die Erzieherin übernimmt nach Möglichkeit die Rituale der Familie, und auch die Eltern lassen sich auf neue Erfahrungen ein. Wesentlich für einen gelingenden Übergang ist ebenfalls die Wertschätzung aller Familiensprachen in der Kindertageseinrichtung. Nur wenn die Erzieherin weiß, welche Sprachen in der Familie des Kindes gesprochen werden, kann sie dafür in der Einrichtung den gebührenden Raum geben.

Der Aufbau einer tragfähigen Beziehung zwischen dem Kind und der Erzieherin ist wesentliche Grundlage für die Bildungsprozesse in der Kindertagesstätte. Daher gebührt der Eingewöhnung des Krippenkindes in das Kindergarten-Leben besondere Aufmerksamkeit.

Folgende wesentliche Aspekte sind zu beachten:[3]
- Im Sinne einer sanften Eingewöhnung wird das Kind bei seinem Übergang in die neue Lebenswelt Kindergarten von einem Elternteil oder einer vertrauten Bindungsperson begleitet.
- Der Bindungsaufbau zwischen Erzieherin und Kind hängt wesentlich davon ab, inwieweit Erzieherin und Eltern sich gegenseitig akzeptieren können. Darum muss die Erzieherin die Ablösungsprozesse von Eltern besonders sensibel begleiten und sie bei Schwierigkeiten unterstützen. Eltern zu vermitteln, dass sie für die Kinder die wichtigsten Bindungspersonen bleiben, ist eine wesentliche Aufgabe der Erzieherin im Eingewöhnungsgespräch.
- Damit Eltern ihre Kinder »loslassen« können, bedarf es auf ihrer Seite der Sicherheit und des Vertrauens, die die Erzieherinnen durch Einfühlungsvermögen und nachvollziehbare Informationen anbahnen. Es ist wichtig, dass die Eltern nicht das Gefühl entwickeln, ihr Kind zu »verlieren« und dass zwischen ihnen und der Erzieherin keine heimlichen Konkurrenzgefühle entstehen.

---

3   Laewen, H.-J., Andres, B., Hedervari, E.: Ein Modell für die Gestaltung der Eingewöhnungssituation von Kindern in Krippen. Berlin 1990

- Die Eingewöhnungsdauer wird davon beeinflusst, ob und inwieweit es der Erzieherin gelingt, die Signale des Kindes aufzunehmen, sie angemessen zu beantworten und eine Beziehung zu ihm aufzubauen. Dabei bestimmt das Kind selbst über Nähe, Distanz und die Zeit, die es braucht, sich auf die Erzieherin einzulassen.
- Die Eingewöhnung kann als abgeschlossen betrachtet werden, wenn die Erzieherin selbst zur Bindungsperson wird, d.h. dass sie das Kind auch bei Abwesenheit seiner Eltern in verunsichernden Situationen auffangen und z.B. trösten kann.

Auch für die Bildungsprozesse von Kindern im Kindergartenalter ist eine tragfähige Beziehung zur Erzieherin wichtige Grundlage. Daneben erlangen Gemeinschaft und Auseinandersetzungen mit anderen Kindern immer größere Bedeutung für die Entwicklung des Kindes. Daher unterstützt die Erzieherin das Kind gleichzeitig in der Aufnahme von Beziehungen zu anderen Kindern.

Abschluss der Übergangsphase ist ein erstes Entwicklungsgespräch, in dem sich Eltern und Erzieherinnen über ihre bisherigen Erfahrungen und ihre Sichtweisen austauschen.

Entwicklungsgespräche als regelmäßiger Austausch

Entwicklungsgespräche ermöglichen auch weiterhin den Austausch zwischen Eltern und Erzieherinnen über Beobachtungen, die Klärung von Fragen und die Verständigung über Erziehungsvorstellungen. Sie sind notwendiger Teil des fortlaufenden Diskurses über Erziehung, Bildung und Betreuung der Kinder. Diese Gespräche sollen die Entwicklung der Kinder während der gesamten Zeit in der Einrichtung begleiten. Daher finden sie regelmäßig statt. Je jünger das Kind ist und je schneller und sprunghafter seine Entwicklung voranschreitet, desto öfter sollten die Gespräche stattfinden – mindestens aber ein- bis zweimal in jedem Jahr.

Eltern bringen in die Gespräche ihre Beobachtungen und Deutungen aus dem Alltag der Familie ein – hierfür sind sie die Experten. Die Erzieherin berichtet anhand von Bildungsbiografien von ihren systematischen Beobachtungen im Alltag der Kindertageseinrichtung (vgl. dazu Kapitel 3: Beobachten und Dokumentieren). Sie bereitet – auch mit Unterstützung ihrer Kolleginnen – die Gespräche vor. Sie beschreibt das Verhalten, die Interessen und die Fähigkeiten des Kindes und betont die Entwicklungsfortschritte seit dem letzten Gespräch. Für Eltern und Erzieherin soll deutlich werden, welchen Entwicklungs- und Bildungsaufgaben sich das Kind gerade zuwendet und wie die Erwachsenen das Kind fördern und herausfordern können. Vor dem Übergang in die Schule sind Entwicklungsgespräche zwischen Eltern, Erzieherinnen und nach Möglichkeit auch mit Lehrerinnen ein wichtiges Instrument zur Unterstützung des Kindes.

Eltern erhalten einen Einblick in die Bildungsprozesse der Kinder auch durch – gemeinsam mit den Kindern erarbeitete – Dokumentationen von kleinen und großen Projekten[4]. Sie bieten

---

4   Siehe hierzu auch: Reggio Children (Hrsg.): Die Kinder vom Stummfilm – Begegnungen zwischen Kindern und Fischen. Neuwied, Berlin 2002

Anregung für Gespräche zwischen Kindern, Erzieherinnen und Eltern. Kontinuierliche Dokumentationen können Entwicklungsfortschritte einzelner Kinder beschreiben.

Transparenz und wechselseitige Information sind notwendig, um die im KJHG geforderte Erziehungspartnerschaft zwischen Kindertagesstätte und Eltern mit Leben zu füllen. Wertschätzung, Anerkennung und Entgegenkommen sind Voraussetzung dafür, dass Eltern Verantwortung im Kindergarten übernehmen und Bereitschaft entwickeln mitzuentscheiden. Die Einbeziehung von Eltern in die (Weiter-)Entwicklung der Kindergarten-Konzeption und ihre Beteiligung an Entscheidungen in wesentlichen Angelegenheiten der Kindertagesstätte ist in diesem Sinne eine notwendige Fortsetzung der Erziehungspartnerschaft auf institutioneller Ebene. Eine Begegnung zwischen Eltern und Erzieherinnen, die von gegenseitiger Achtung geprägt ist, lässt Meinungsverschiedenheiten zu. Erzieherinnen und Eltern können den Kindern zeigen, dass Meinungsverschiedenheiten der Motor für die gemeinsame Suche nach neuen Lösungen sein können. So entwickeln sich demokratische Strukturen in der Kindertageseinrichtung, in der die Erwachsenen vorleben, wie unterschiedliche Interessen und Positionen ausgehandelt werden können. Sie geben Kindern damit ein wichtiges Vorbild für das Zusammenleben und Zusammenwirken in einer demokratischen Gesellschaft.

Jede pädagogische Arbeit mit Kindern – sei sie noch so fundiert und fachlich begründet – braucht die Zustimmung der Eltern, um eine hohe Qualität erreichen zu können. Der Status der Erzieherinnen in der Einrichtung und in der Gesellschaft sowie ihr Fachwissen begründen, dass ihnen die Rolle zufällt, die Eltern zur Begegnung und zur Partizipation einzuladen. In der partnerschaftlichen Verständigung übernehmen sie den professionellen, den aktiv handelnden Part.

Über eine gute Zusammenarbeit mit den Eltern wird die Kindertagesstätte zusätzliche Ressourcen erschließen, um ihren Bildungsauftrag zu erfüllen. Eltern sind eingeladen, an Aktivitäten und pädagogischen Angeboten der Kindertageseinrichtung teilzunehmen, Neues anzuregen und ihre eigenen Kompetenzen einzubringen. Das Netzwerk vergrößert sich, wenn Eltern und Erzieherinnen gemeinsam weitere Experten für einzelne Themen zu gewinnen suchen. Besonders unterstützend – und entlastend – kann die Kooperation mit Einrichtungen der Elternberatung und der Familienbildung sein.

■ Qualitätskriterien für die Zusammenarbeit mit Eltern

Erzieherinnen streben aktiv die Erziehungspartnerschaft mit Eltern in wechselseitiger Anerkennung an.
- Die Erzieherinnen entwickeln eine vertrauensvolle und wertschätzende Haltung gegenüber allen Eltern.
- Die Kindertageseinrichtung entwickelt eine demokratische Kultur, in der Mitwirkung von Eltern erwünscht ist.
- Die Erzieherinnen setzen sich mit Erwartungen von Eltern an die Erziehung, Bildung und Betreuung ihrer Kinder auseinander. Sie berücksichtigen dabei die kulturspezifischen Hintergründe von Eltern.
- Die Erzieherinnen eröffnen den Dialog mit Eltern über Erziehungsvorstellungen.

- Beginnend mit dem Aufnahmegespräch führen die Erzieherinnen mit Eltern regelmäßige Gespräche über die Entwicklung ihres Kindes und verständigen sich mit ihnen über unterschiedliche Erwartungen und Wahrnehmungen. Die Bildungsbiografien sind Grundlage dieser Gespräche. Sie sollten Eltern und Kindern jederzeit zugänglich sein. Sie gehören ihnen.

Erzieherinnen machen ihre Arbeit transparent.
- Sie verschaffen den Eltern schon vor Aufnahme des Kindes die Möglichkeit, sich über das Leben in der Einrichtung und die pädagogische Konzeption zu informieren.
- Durch ansprechende Dokumentation und persönliches Erleben ermöglichen die Erzieherinnen den Eltern, den Alltag in der Kindertagesstätte kennen zu lernen.

Erzieherinnen beteiligen Eltern an Entscheidungen in wesentlichen Angelegenheiten der Kindertageseinrichtung.
- Sie ermutigen Eltern, Vorschläge, Kritik und Wünsche einzubringen und lassen sie erleben, dass ihre Meinung wichtig ist und ihre Anregungen Berücksichtigung finden.
- Die Erzieherinnen interessieren sich für die besonderen Fähigkeiten, Kenntnisse und Interessen von Eltern. Sie ermutigen sie, diese in die Arbeit mit den Kindern einzubringen.
- Sie üben einen professionellen Umgang mit Informationen, die sie von Eltern erhalten. Mit persönlichen Belangen von Eltern gehen sie vertraulich um.
- Die Erzieherinnen beziehen Eltern bei der Entwicklung und Fortschreibung der Konzeption sowie der Planung und Gestaltung der inhaltlichen Arbeit ein.

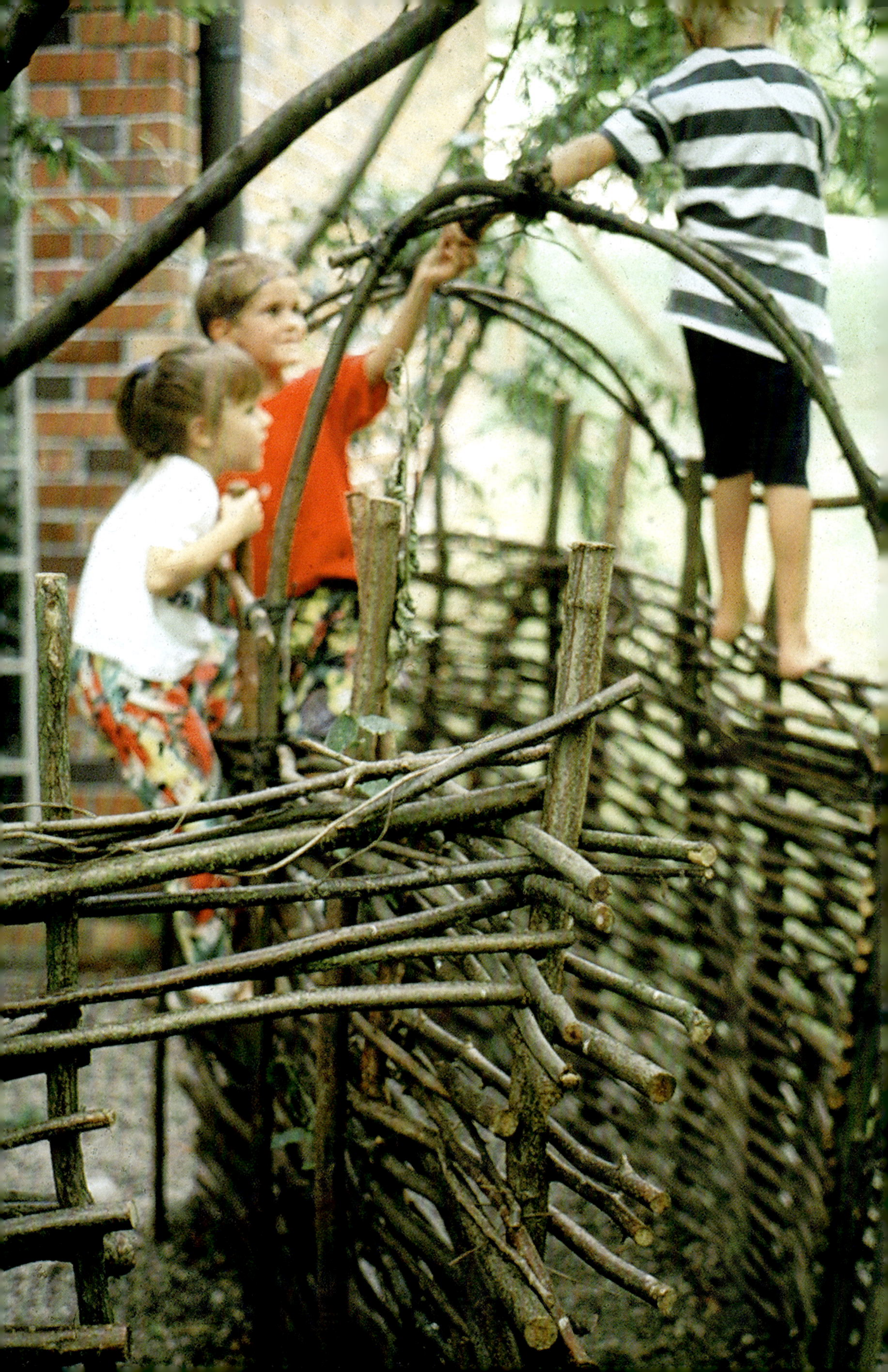

Übergang in die Grundschule

Der Übergang vom Kindergarten- zum Grundschulkind

Den Übergang vom Kindergartenkind zum Schulkind erlebt ein Kind voraussichtlich als wichtige Änderung seines Status. In der Regel fühlt sich das Kind deutlich »größer« und erwartet, dass es mehr und anderes darf als bisher.[1] Zumeist erwartet es die größere Selbständigkeit mit Freude und Stolz.

Die Vorstellungen eines Kindergartenkindes kurz vor dem Übergang zur Schule sind nach wie vor stark geprägt von der Erwartung, dort lesen, schreiben und rechnen zu lernen. Dadurch verspricht es sich persönlichen Gewinn und ein Mehr an Gemeinsamkeiten mit den Erwachsenen, die diese Fähigkeiten schon beherrschen. Vermutlich erwartet es von der Erweiterung seiner Kompetenzen auch ein Mehr an Anerkennung durch die Erwachsenen. So bewirkt der Übergang für viele Kinder einen Motivationsschub. Sie wollen Neues lernen und gehen energisch an die neuen Herausforderungen, welche aber nichtsdestotrotz von Befürchtungen begleitet sein können, das alles sei nicht zu schaffen.
- Ein Kind, das seiner selbst bewusst ist, dass es schon vieles gelernt und in seinem Leben bereits vielfältige Fähigkeiten und umfangreiches Wissen erworben hat, wird die neuen Herausforderungen mit Selbstvertrauen annehmen und seine Motivation erhalten. Es ist deshalb kontraproduktiv, die Schulanfänger als »Lernanfänger« zu bezeichnen.

Die neue Situation kann von Gefühlen der Unsicherheit und Angst begleitet sein. Im Kindergarten erworbene Kompetenzen können dem Kind Sicherheit geben.
- Ein Kind, das im Kindergarten kennen gelernt hat, was ihm hilft, Unsicherheit und Angst zu überwinden, wird in dieser neuen Situation auf wichtige Erfahrungen und Kenntnisse zurückgreifen können. Es gehört zu den Aufgaben einer Erzieherin, solche Erfahrungsmöglichkeiten zu gestalten.

Der Eintritt in die Schule ist mit der Anforderung verknüpft, sich am Aufbau einer neuen Gruppe zu beteiligen, die zudem meist größer ist als die bisher bekannte Gemeinschaft im Kindergarten. In einer ersten Grundschulklasse kommen die Kinder neu zusammen. Manche kennen kein anderes Kind, manche kennen einige wenige und wieder andere kennen mehrere der anderen Kinder aus ihrer gemeinsamen Kindergartenzeit oder aus der Nachbarschaft. Jedes Kind muss seine Position in der neuen Gruppe finden. Neue Regelungen im Umgang miteinander und neue Verhaltensformen in der anderen Institution müssen erprobt und ausgehandelt werden. Die Lehrerin kann in der großen Gruppe nicht jedem Kind jederzeit die gleiche Aufmerksamkeit und individuelle Begleitung in diesem Prozess geben.
- Ein Kind, das durch die Erzieherin gefördert wurde, seine Wünsche und Meinungen deutlich zu machen und sich in der Gruppe klar zu äußern,
- ein Kind, das angeregt wurde, in der Kindergruppe Kritik zu äußern und Kritik anzunehmen, wird in diesem Prozess eher eine aktive Rolle und Verantwortung für sich selbst und andere übernehmen.

---

1 Vgl. Griebel, W./Niesel, R.: Die Bewältigung des Übergangs vom Kindergarten in die Grundschule. In: Fthenakis, W.E. (Hrsg.): Elementarpädagogik nach PISA. Freiburg 2002

In der großen Schulgemeinschaft, die das Kind in den Gängen, auf dem Pausenhof und auf den Schulwegen erlebt, sind die Erstklässler nun wieder die Jüngsten. Das kann sie in ihrem soeben erworbenen Status als »großes« Schulkind verunsichern. In jedem Fall fordert die jetzt alltägliche Begegnung sowohl mit einer großen Gruppe Gleichaltriger wie mit z.T. sehr viel älteren Kindern einen dauernden Perspektivenwechsel.

- Ein Kind, das in der altersgemischten Kindergemeinschaft im Kindergarten sowohl die Rolle des jüngeren wie der älteren Kinder kennen gelernt hat und weiß, dass jedes Kind unabhängig von seinem Alter ein Recht auf Respekt und Unversehrtheit hat, wird diesen Perspektivenwechsel leichter vollziehen können. Die Erzieherin muss im Blick haben, wie die Kinder solche Erfahrungen bis zum Übergang in die Schule machen können.

Im Grundschulalter sortieren sich die sozialen Beziehungen zwischen den Kindern neu. Zu entdecken, dass andere, bisher unbekannte oder weniger wichtige Kinder, ähnliche Interessen haben, sich an den gleichen Dingen erfreuen und sich über die gleichen Dinge ärgern, kann in bestimmten Situationen viel bedeutsamer sein als eine bereits lange bestehende Beziehung zu einem Freund bzw. einer Freundin aus dem Kindergarten oder der Nachbarschaft. Damit verbunden ist der Reiz, neue Freundschaften einzugehen und Anerkennung daraus zu ziehen ebenso wie die mögliche Erfahrung, von einem bisherigen Freund bzw. einer Freundin plötzlich »links liegen gelassen« zu werden.

- Ein Kind, das im Kindergarten die Erfahrung gemacht hat, dass interessengebundene Beziehungen ihren Wert haben wie auch Beziehungen, die nur dann entstehen können, wenn man sich über einen längeren Zeitraum gut kennen gelernt hat, wird sich eher mit den wechselvollen Beziehungen zurecht finden.
- Ein Kind, das gewohnt ist, in Konflikten die eigenen Gefühle zu benennen und die Gefühlslage des Gegenüber nachzuempfinden, wird durch wechselnde Bevorzugungen und zeitweise Ablehnung weniger verunsichert werden. Für die Erzieherin erwächst daraus die Aufgabe, Konflikte als Lernsituation zu sehen, nicht als Störung der Abläufe.

Ein Schulkind zu sein, bedeutet in der Regel, einem strengeren, stärker fremdbestimmten Zeitplan folgen zu müssen. Tägliche Anwesenheit während der Schulzeiten ist Pflicht. Ausnahmen, die Eltern während der Kindergartenzeit vielleicht ermöglichen konnten, entfallen. Pünktliches Erscheinen spätestens zu Unterrichtsbeginn ist gefordert. Der individuelle Zeitrhythmus – beim morgendlichen Wachwerden, Frühstücken, Sich-Anziehen und auf den Weg machen und den Weg in einer kalkulierbaren Zeit zurücklegen, ohne sich zu vertrödeln – muss spätestens jetzt täglich in dieses Zeitraster eingepasst werden. In der Unterrichtsstunde müssen Bedürfnisse aufgeschoben werden, vielleicht sogar das Bedürfnis aufs Klo zu gehen, zu essen, zu trinken. Für elementare Belange des Kindes ist vielleicht nur in den Pausen Zeit: Das Gespräch mit dem Freund bzw. der Freundin muss eventuell unterbrochen werden, weil die Pause zu Ende ist. Dies erfordert ein ganz neues Zeitmanagement von jedem Kind. Die eigenen Zeitbedürfnisse müssen mit den Anforderungen der Schule ausbalanciert und Schritt für Schritt in Einklang gebracht werden. Das Kind wird Frustrationen ertragen müssen, wenn seine Bedürfnisse mit den Anforderungen nicht in Übereinstimmung gebracht werden können.

- Ein Kind, das im Kindergarten ein Gefühl dafür entwickelt hat, welche Zeiten es für welche Tätigkeiten braucht, wie lange es sich anfühlt, bis eine halbe Stunde, eine Stunde vergangen ist, und wie unterschiedlich dieses Gefühl sein kann, je nachdem ob man sehnlich auf etwas wartet oder ob in der Zeit etwas Interessantes geschieht, wird die Balance zwischen eigenen Bedürfnissen und äußeren Anforderungen eher meistern. Es wird sich viele Frustrationen ersparen, wenn es durch entsprechende Zeiteinteilung andauerndes Antreiben und Ermahnungen durch Eltern und Lehrerin vermeidet. Die Erzieherin kann Kinder darin unterstützen, wenn sie z.B. in den Bildungsbereichen Mathematik und Körper/Gesundheit/Bewegung entsprechende Bildungsangebote entwickelt.

Der Übergang im familiären Kontext

Nicht nur das Kind, auch seine Eltern erleben mit dem Übergang in die Grundschule Veränderungen und müssen sich in neue Rollen einfinden. Durch die Schulpflicht sind auch sie in die Pflicht genommen. Ihre bisherigen Rechte, in allen wesentlichen Angelegenheiten des Kindergartens mit entscheiden zu können, werden jetzt deutlich eingeschränkt durch den allgemeinen Rahmen der Schule.

Dies betrifft vor allem ihre zeitliche Eingebundenheit: Die täglichen und wöchentlichen Planungen von Arbeitszeiten, die jährlichen Planungen von Urlauben, die Organisation von außerplanmäßigen oder unvorhersehbaren Ereignissen im Familienleben müssen mit den Zeitanforderungen der Schule in Einklang gebracht werden. Ist eine Verlässlichkeit der schulischen Betreuungszeiten nicht gegeben, kann dies sehr schnell zu einer Überforderung des familiären Zeitmanagements führen, besonders dann, wenn eine Mutter oder ein Vater allein erziehend ist. Das gilt vor allem bei halbjährlich wechselnden Stundenplänen und bei Unterrichtsausfällen.

Von vielen Eltern erstgeborener Kinder wird der Übergang als Stress erlebt. Die Anforderungen an die familiäre Zeitplanung sind dabei nur ein Faktor. Viele Eltern hegen die Befürchtung, dass ihr Kind die in der Schule geforderte Leistung nicht erbringen kann oder dass die Leistungen ihres Kindes nicht angemessen bewertet werden. Die Schulleistung des Kindes ist eng verbunden mit den Hoffnungen und Erwartungen der Eltern für die Zukunftsperspektive ihres Kindes. Im Kindergarten wirkt sich das häufig so aus, dass Eltern vor allem in den letzten Monaten vor der Einschulung ihres Kindes möglichst hohe Gewissheit haben wollen, dass ihr Kind den Übergang in die Grundschule auch »schafft«. Eltern, die selbst ein positives Verhältnis zu Schule haben, schauen eher zuversichtlich auf den Schulbeginn.

Aufgabe des Kindergartens ist es, hierzu Eltern rechtzeitig Gespräche anzubieten, die die im vorangegangenen Abschnitt ausführlich beschriebenen Kompetenzen ihrer Kinder thematisieren – Kompetenzen, die die Lerninhalte der ersten Klasse nicht vorwegnehmen, sondern für die Kinder Voraussetzung sind, sich den Lerninhalten mit ungeteilter Aufmerksamkeit zuwenden zu können. Die Hoffnungen und Befürchtungen der Eltern müssen dabei Ausgangspunkt sein und offen zur Sprache gebracht werden. Ziel solcher Gespräche ist zu verdeutlichen, worin die Verantwortung des Kindergartens für die Schulvorbereitung liegt und was die Eltern beitragen können, um den Übergang vorzubereiten und zu begleiten. Hilfreich ist, wenn Grundschullehrerinnen daran beteiligt sind und solche Gespräche mit den Eltern nach der Einschulung fortführen.

Eltern, die vor dem Übergang ihres Kindes in die Schule überwiegend Befürchtungen hegen,

Eltern mit einer anderen Familiensprache als dem Deutschen und Eltern, die dem Schulsystem wenig Vertrauen entgegenbringen, sollten bei solchen Gesprächen ausreichend Gelegenheit haben, ihre Bedenken zu äußern. Es ist in der Regel angemessen, für Eltern der Kinder, die demnächst eingeschult werden, Gesprächsrunden für das letzte Kindergartenjahr zu organisieren.

Kontinuität und Brüche

Das Idealbild des Übergangs vom Kindergarten in die Grundschule zeigt eine optimale Abstimmung zwischen Erzieherinnen, Grundschullehrerinnen, Eltern und Kindern, zeigt die gemeinsame Einschulung von möglichst vielen Kindern einer Kindergartengruppe in eine Grundschulklasse, zeigt eine Grundschule, die in den ersten Klassen viele Elemente eines guten Kindergartens aufgreift.

Aus der Perspektive von Kindern kann das schon ganz anders aussehen. Das Kindergartenkind erlebt die Statusveränderung als Schulkind vielleicht nur dann als gewinnbringend, wenn sich die Schule auch deutlich vom Kindergarten unterscheidet. Eine Grundschule, die die Kindergartenzeit »nur« verlängert, würde das Kind um seinen Gewinn bringen, es vielleicht langweilen. Sie würde ihm die anspornenden Herausforderungen vorenthalten. Der Beginn in einer neu zusammengesetzten ersten Klasse ist nicht nur ein Verlust an Kontinuität, sondern auch eine Chance, sich neu zu definieren und neue Fähigkeiten zu entwickeln. Die Kinder sind neugierig: auf die neue Lehrerin, die neuen Räume, auf neue Methoden und Materialien. Wichtig ist, dass sie für das Kind interessant bleiben.

Vom einzelnen Kind her gesehen ist entscheidend, wie viel Kontinuität bzw. Diskontinuität sich parallel in seinem sonstigen Umfeld ereignet. Bleibt die Familienkonstellation konstant oder ereignen sich z.B. die Geburt eines Geschwisterkindes, ein Umzug, die Trennung der Eltern, eine neue Erwerbstätigkeit oder Arbeitslosigkeit eines Elternteils, also Einflüsse mit deutlichen Anforderungen an das Kind für eine neue Selbstdefinition? Eine gleichzeitige Konfrontation mit mehreren bedeutenden Brüchen überfordert es vermutlich. Wird das Kind andererseits von jedem Bruch verschont, werden ihm Möglichkeiten der Weiterentwicklung versagt. Häufen sich Brüche zum Zeitpunkt des Übergangs, steigt die Wichtigkeit der Verständigung und Abstimmung zwischen Kindergarten, Eltern und Schule, um die Entwicklung des Kindes nicht zu gefährden.

Die Bildungsbiografien bieten eine wichtige Grundlage, um mit dem Kind, den Eltern und den Grundschullehrerinnen zu besprechen, wo das Kind beim Übergang steht, wo seine Stärken liegen und was ihm Schwierigkeiten bereitet.

Ein Kind, das über ausreichend Selbstvertrauen verfügt und dessen sozialer Kontext einigermaßen stabil ist, wird sich Diskontinuität im Übergang vom Kindergarten zur Grundschule wünschen. Sie ermöglicht ihm, den neu erworbenen Status zu zelebrieren und zu genießen. Die Erzieherin kann Kinder hierbei unterstützen, indem sie passende Ablösungsrituale entwickelt.

Schulfähigkeit des Kindes und kindgerechte Schule

Alle saarländischen Kinder werden, wenn sie bis zum 30. Juni eines Jahres sechs Jahre alt werden, schulpflichtig. Einzuschulende Kinder können vor der Aufnahme ärztlich oder psychologisch begutachtet werden, d.h. in begründeten Ausnahmefällen ist eine genaue Überprüfung der Belastbarkeit des Kindes zulässig. Im Umkehrschluss folgt daraus, dass die Schulfähigkeit der Kinder mit dem Erreichen des schulpflichtigen Alters gegeben ist. Jedes Kind hat dann ein Recht auf schulische Bildung. Eine Selektion findet nicht statt.

In der Konsequenz bedeutet das eine hohe Verantwortung der Grundschule und der dort tätigen Lehrerinnen, sich auf die unterschiedlichen Voraussetzungen der Kinder einzustellen und kindgerechte individuelle Bildungsangebote auszuarbeiten.

Die Erzieherinnen des Kindergartens haben nicht weniger Verantwortung. Sie müssen die Kinder im Sinne dieses Bildungsprogramms fördern, d.h., die Erzieherinnen müssen das jeweils richtige Maß an Anforderung und Unterstützung finden. Sie dürfen die Kinder nicht einfach an abfragbare oder überprüfbare Leistungsnormen anpassen, die angeblich eine Schulfähigkeit beweisen. Die Verpflichtung zur Vorbereitung der Kinder auf die Schule als einer zukünftigen Anforderung umfasst weit mehr.

Aufgaben der Erzieherinnen

Die Erzieherinnen im Kindergarten tragen zu einem gelingenden Übergang des Kindes in die Grundschule bei,
- wenn und indem sie die Neugier der Kinder, ihre Lernbereitschaft und Vorfreude auf die Schule stützen,
- wenn und indem sie mit Kindern Strategien entwickeln, die helfen mit Unsicherheiten und Ängsten zurecht zu kommen,
- wenn und indem sie durch regelmäßige Auswertungen mit Kindern dazu beitragen, dass diese sich bewusst werden, wie viel Wissen und Fähigkeiten sie bereits erworben haben,
- wenn und indem sie Kinder dazu ermutigen, ihre Wünsche in der Gruppe zu äußern, ihre Fragen zu stellen, anderen zuzuhören und Kritik zu äußern,
- wenn und indem sie so der sprachlichen Entwicklung aller Kinder hohe Aufmerksamkeit widmen,
- wenn und indem die Kinder im Kindergarten erlebt haben, wie wichtig die Achtung jedes einzelnen für das eigene Wohlbefinden und für das Zusammenleben in der Gemeinschaft ist.

SECHS
Six
alti
sei

SIEBEN   SEVEN

SONNTAG
SUNDAY
Pazar
dom.

SAMSTAG
SATURDAY
Cumartesi
Sabato

FREITAG
FRIDAY
Cuma
venerdì

FÜNF
FIVE
beş
cinque

DONNERSTAG
THURSDAY
perşembe
giovedì

Demokratische Teilhabe – Anforderungen für die Zusammenarbeit und Kommunikation im Kindergarten

Das dem Bildungsprogramm zugrunde liegende Bildungsverständnis orientiert sich nicht nur an dem Charakter kindlicher Bildungsprozesse. Es steht gleichzeitig im Einklang mit den Grundwerten, die das Zusammenleben in einer demokratisch verfassten Gesellschaft bestimmen und die in den Bildungseinrichtungen dieser Gesellschaft vermittelt werden sollen. Das Bildungsverständnis ist deshalb untrennbar verbunden mit den Rechten und Pflichten, die einerseits die Gemeinschaft dem Einzelnen gegenüber und andererseits der Einzelne der Gemeinschaft gegenüber hat.

Ein überaus wichtiges Recht, das mit wachsendem Verständnis und wachsender Verantwortung mehr und mehr auch durch die Übernahme von Pflichten ergänzt wird, ist das Recht auf Teilhabe. Jedes Kind soll am Bildungsreichtum unserer Gesellschaft teilhaben können, soll Anteil nehmen können an seiner sozialen Umwelt. Ziel ist, dass jedes Mädchen und jeder Junge seine Fähigkeiten, seine individuellen Möglichkeiten und seine Bereitschaft ausbilden und zur Entwicklung der Gemeinschaft – unserer Gesellschaft – beitragen kann: Im Kindergarten bildet sich das Kind und es bildet sich Gesellschaft.

Das Recht des Kindes, gehört zu werden und mitentscheiden zu dürfen, wird mit der Zeit gestärkt durch die innere Einstellung, sich beteiligen zu wollen und Verantwortung zu übernehmen.

Kindergärten werden in der neueren Literatur auch als Kinderstube der Demokratie beschrieben. In dieser Formulierung scheint die fundamentale Bedeutung des Kindergartens für entwickelte Gesellschaften auf, die nicht immer genügend beachtet wird. Die Institution Kindergarten, so wie sie funktioniert, so wie ihr Alltag gestaltet ist, wirkt auf die Kinder ein – vermutlich mehr und dauerhafter als alle beabsichtigten pädagogischen Angebote zusammen. Im Kindergarten machen die Kinder erste Erfahrungen mit den Spielregeln unserer Gesellschaft. Darum kommt es für den Erfolg aller Bildungsangebote entscheidend darauf an, den Alltag in der Einrichtung nach den demokratischen Grundprinzipien unserer Gesellschaft zu strukturieren, die auch Prinzipien des Bildungsprogramms sind. Zusammenarbeit, Kommunikation und Entscheidungsprozesse zwischen Kindern und Erwachsenen sowie der Erwachsenen untereinander müssen stets im Geist der Demokratie gestaltet werden. Im Kindergarten müssen die Kinder am eigenen Leibe erfahren können, was Demokratie ausmacht. In dem Maße, in dem die Kinder an für sie wichtigen Entscheidungen beteiligt werden, werden sie sich als selbstwirksam erfahren und ihr Recht sowie ihre Pflicht auf Teilhabe an der Gemeinschaft zunehmend wahrnehmen können. Dabei geht es bei kleinen Kindern zunächst weniger um formale Entscheidungsprozesse, sondern vielmehr darum, dass ihre Bedürfnisse und Interessen aufmerksam wahrgenommen und in der Gestaltung des Alltags und der pädagogischen Angebote angemessen berücksichtigt werden. Die früher vertretene Auffassung, Kinder müssten erst einmal von den Erwachsenen lernen, wie eine Gemeinschaft funktioniert, bevor sie ein Recht haben, selbst mitzubestimmen, entspricht nicht unseren heutigen Kenntnissen über kindliche Bildungsprozesse. Sie verträgt sich nicht mit der Erkenntnis, dass Kinder sich selbst von Beginn an als zu einer Gemeinschaft zugehörig wahrnehmen und sie verträgt sich nicht mit den unveräußerbaren Grundrechten, die demokratische Gesellschaften all ihren Mitgliedern, also auch den Kindern, garantieren (vgl. UN-Kinderrechtskonvention).

Anforderungen an Erzieherinnen

Es gilt, die neugierigen Fragen der Kinder in forschendes Handeln überzuleiten und damit Eigenaktivität und weiterführende Neugier zu erhalten und zu unterstützen. Kinder brauchen Erwachsene, die sie auf dem langen, manchmal komplizierten, von Irritationen und Widersprüchen gesäumten Weg des Forschens begleiten. Gefragt sind Erzieherinnen, die sich den Kindern gegenüber sowohl als Lehrende als auch als Lernende verhalten können; die durch offenkundige eigene Lernprozesse dem Kind als Beispiel dafür dienen, wie es selbst lernen könnte. Dadurch vermitteln sie dem Kind, dass Lernen und Entwicklung nie aufhören. Das gelingt nur, wenn die Erwachsenen dabei authentisch sind, d.h. wenn sie wirklich selbst etwas Neues herausfinden oder lernen wollen.

Wenn Erzieherinnen gemeinsam mit Kindern einer offenen Frage nachgehen, wenn sie zusammen mit den Kindern nach Lösungswegen suchen und dabei die Vorschläge der Kinder ernst nehmen, dann zeigen sie, wie Lernen gelingen kann. In einem solchen gemeinsamen Lernprozess entstehen neue Erkenntnisse für Kinder und Erwachsene.

Wenn Erzieherinnen den Kindern dagegen nur Fragen anbieten, auf die sie selbst die »richtige« Antwort bereits kennen und Kinder didaktisch geschickt zu dieser Antwort hinleiten, dann vermitteln sie, dass Lernen heißt, den Anleitungen der Erwachsenen möglichst genau zu folgen. Und zugleich vermitteln sie den Kindern, dass die Erwachsenen alles und sie selbst nichts wissen und können.

Das Bildungsprogramm fordert deshalb von Erzieherinnen, die Fähigkeit und den Willen, sich selbst als Lernende zu begreifen und kontinuierlich auf dem Wissen aufzubauen, das sie durch eine qualifizierte Ausbildung erhalten haben. Wer Lernen und Wissen aus eigenem Antrieb aktuell hält, dem fällt das Forschen mit Kindern leicht.

Anforderungen an die Zusammenarbeit im Team

Der anspruchsvolle Bildungsauftrag des Kindergartens, wie er in diesen Handreichungen formuliert wird, kann nur umgesetzt werden, wenn alle am Kindergarten Beteiligten zusammenarbeiten.

Kinder schauen sehr genau, wie Erwachsene »was machen« und bilden sich ihren Reim darauf – oder in den Worten des Bildungsprogramms: Sie bilden sich ihr Bild von der Welt. Sie beobachten z.B., ob Erwachsene bestimmte Forderungen nur an sie adressieren, ohne sie selbst zu befolgen. Wie werden Meinungsverschiedenheiten zwischen den Erwachsenen angesprochen und ausgetragen? Können unterschiedliche Positionen nebeneinander ausgehalten werden? Werden Absprachen eingehalten? Werden Entscheidungen gemeinsam erarbeitet oder machtvoll durchgesetzt? Unterstützen sich die Erzieherinnen gegenseitig?

Die Art und Weise des Aushandelns, der gegenseitigen Wertschätzung, die Bereitschaft, Kritik zu äußern und anzunehmen sowie die allgemeinen Umgangsformen sind wichtige Bestandteile der unmittelbaren Bildungsumwelt der Kinder. Ein demokratisches Klima spürt das Kind in den vielfältigen ungeplanten Kontakten der Erzieherinnen während eines Kindergartentages. Es zeigt sich dem Kind auch in den organisierten Formen der Zusammenarbeit, wie z.B. in regelmäßiger Reflexion, kollegialer Beratung und geplanter Unterstützung. Nicht zuletzt entwickelt sich bei Kindern eine Vorstellung von Engagement, Verantwortung und Gemeinschaftsgefühl, wenn sie erleben, dass Erzieherinnen entsprechend ihrer persönlichen Kompetenzen und Möglichkeiten auch übergreifende Aufgaben erfüllen.

Die Qualität der Zusammenarbeit im Team entscheidet zudem darüber, welche Rechte auf Teilhabe den Kindern tatsächlich eröffnet werden. Wenn Kinder das Recht haben mitzubestimmen, was sie wo, mit wem unternehmen wollen, dann setzt das gute Absprachen im Team und gemeinsame Verantwortung für die gesamte Kindergemeinschaft voraus. Die Organisation der Arbeit im Team sollte sich daran orientieren, dass alle Kinder die Möglichkeiten des gesamten Kindergartens nutzen können. Das schließt die Kontaktmöglichkeiten mit allen anderen Kindern der Kindergemeinschaft, mit allen Erzieherinnen, Erziehern und weiteren im Kindergarten tätigen Erwachsenen ebenso mit ein wie die Zugangsmöglichkeiten zu Räumen innen und außen.

Anforderungen an die Leitung

Teamentwicklung ist Angelegenheit jedes Teammitglieds, doch richtig ist auch, dass den Leitungskräften des Kindergartens eine Schlüsselrolle in der Personal- und Organisationsentwicklung zukommt. Von ihrer Einstellung, von ihrem Leitungsstil und ihrem Aufgabenverständnis hängt vieles ab. Ihre Vorstellung von Demokratie, ihr Umgang mit den Mitarbeiterinnen und ihre Haltung zum pädagogischen Handeln der Erzieherinnen sowie zu den Eltern wirken nachhaltig auf den Stil des Hauses und somit auch auf die Bildungsumwelt der Kinder.

Entsprechend dem Bildungsverständnis der vorliegenden Handreichungen gestalten die Leitungskräfte ihre Arbeit nach den Prinzipien, die auch für den Umgang der pädagogischen Fachkräfte mit den Kindern gelten. Ihre Rolle ist die von Teamentwicklern, die ihre Mitarbeiterinnen beteiligen, fördern, zielorientiert führen, ohne deren Eigeninitiative einzuschränken. Sie schätzen und fördern individuelle Unterschiede und Schwerpunkte. Sie geben Impulse und schaffen organisatorische Möglichkeiten für Kommunikation und Kooperation. Sie sorgen für transparente Informations- und Entscheidungsprozesse und klare Kompetenzen und schaffen so die Voraussetzungen für die demokratische Teilhabe der Mitarbeiterinnen.

Anforderungen an den Träger

Das Bildungsprogramm für saarländische Kindergärten verlangt nach Kooperation, Kommunikation und Partizipation sowohl im Hinblick auf die Umgangsformen, als auch auf die Leitungskultur und nicht zuletzt auf die all dies sichernden und fördernden Strukturen. Die Glaubwürdigkeit der Bildungsangebote wird letztlich durch den vom Träger bereitgestellten Rahmen bestimmt.

Ebenso wenig wie bei der Arbeit der pädagogischen Fachkräfte geht es dabei um Perfektion. Entscheidend ist vielmehr, ob der jeweilige Träger bereit ist, gemeinsam mit allen seinen Teilbereichen (Verwaltung, Fachaufsicht, Beratung und Praxis), nach Wegen zur Lösung anstehender Aufgaben – etwa der Umsetzung dieser Handreichungen – zu suchen. Wird versucht, die Ressourcen zur Erfüllung des pädagogischen Auftrages zu koordinieren? Gibt es ein transparentes Informations-, Kooperations- und Entscheidungssystem? Hat der Träger ein Qualitätsmanagement und ein Verfahren der Personal- und Organisationsentwicklung aufgebaut – oder plant er dies zumindest?

Träger von Kitas sollten z.B. formulieren, in welchem Turnus die bei ihnen tätigen Leiterinnen und Erzieherinnen Fortbildungsveranstaltungen besuchen sollen und wie sie die Umsetzung dieser Vorstellung unterstützen. Jeder Träger sollte eine Gesamtkonzeption entwickeln und die jeweiligen Entscheidungsspielräume für Mitarbeiterinnen und Mitarbeiter, Kindern und Eltern klären. Jeder Träger sollte veröffentlichen, ob bestimmte Schwerpunkte innerhalb des Bildungsprogramms bei ihm besondere Priorität haben.[1]

■ Qualitätskriterien für die Zusammenarbeit im Team und mit dem Träger

- Erzieherinnen verständigen sich im Team darüber, welche Werte und Normen im Kindergarten wichtig sind und welche Rechte die Kinder haben.
- Sie sind sich ihrer Vorbildwirkung bewusst und entwickeln ein Klima und einen Umgangsstil im Team, der von gegenseitigem Respekt und Wertschätzung geprägt ist.
- Das Team entwickelt Arbeitsformen des regelmäßigen kollegialen Austauschs, der gegenseitigen Beratung und des kritisch-konstruktiven Dialogs.
- Erzieherinnen übernehmen über die Arbeit mit den Kindern hinaus entsprechend ihrer Kompetenzen Teilaufgaben für die Gestaltung der Einrichtung.
- Leiterinnen entwickeln mit dem Team die Kindergarten-Konzeption. Sie orientieren sich dabei an der Trägerkonzeption und am Bildungsprogramm für saarländische Kindergärten.
- Sie setzen Impulse, koordinieren, halten Entwicklungsprozesse in Gang und bieten fachliche Reflexion an.
- Sie entwickeln mit dem Team ein Fortbildungskonzept zur Umsetzung des Bildungsprogramms.
- Sie beteiligen ihre Mitarbeiterinnen an Entscheidungsprozessen und fördern deren Eigeninitiative.
- Sie sorgen für transparente Informations- und Entscheidungsprozesse und ermöglichen so die demokratische Teilhabe aller Mitarbeiterinnen.
- Sie schätzen und fördern individuelle Unterschiede und Schwerpunkte. Sie achten bei der Zusammensetzung der Teams auf verschiedene Kompetenzen und Kulturen.
- Sie suchen gemeinsam mit dem Team einen partizipativen Dialog mit dem Träger des Kindergartens und mit anderen Verantwortungsträgern.

---

1 Träger können die Ergebnisse des Teilprojekts »Trägerqualität« der Nationalen Qualitätsinitiative nutzen, um sich selbst in ihrer Qualität einzuschätzen und Anregungen für Qualitätsverbesserungen zu erhalten. (Fthenakis, Hanssen, Oberhuemer, Schreyer: Träger zeigen Profil. Weinheim, Basel, Berlin 2003)

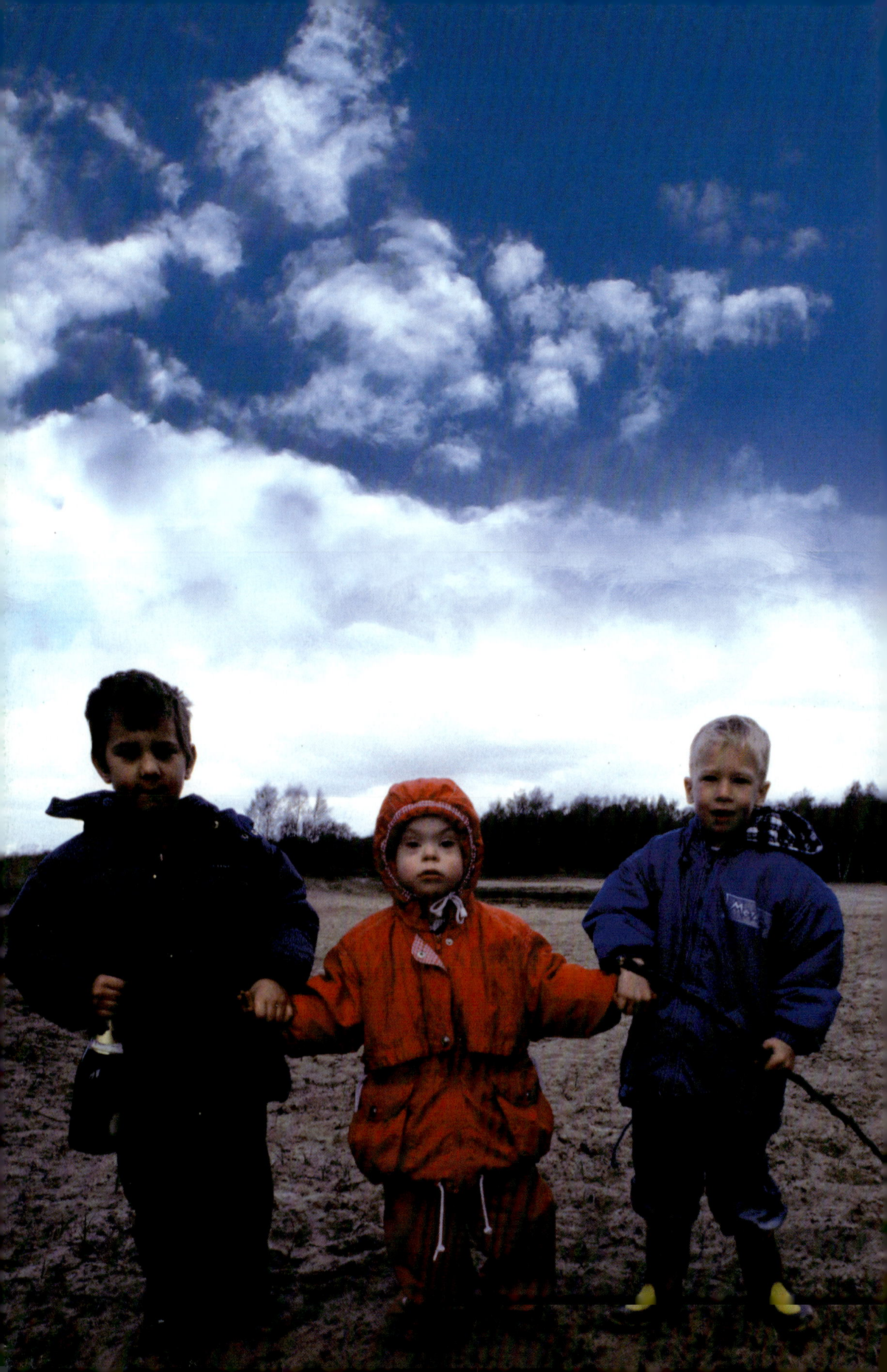

Zusammenarbeit mit den Arbeitsstellen für Integrationspädagogik

Die gemeinsame Erziehung von Kindern mit und ohne Behinderung ist erklärtes Ziel der saarländischen Landesregierung. Ziel ist die gemeinsame Erziehung und Bildung von Anfang an.

»Oberstes Ziel bleibt es, grundsätzlich allen behinderten Kindern – unabhängig von Art und Schwere einer Behinderung – eine gemeinsame Erziehung mit nichtbehinderten Kindern zu ermöglichen. Kindertageseinrichtungen mit integrativen Angeboten sollen sich deshalb künftig konzeptionell auch auf die Betreuung von Kindern mit schwersten Behinderungen einstellen.«[1]

Die Arbeitsstellen für Integrationspädagogik (AfIs) sind die Anlauf- und Beratungsstellen für die wohnortnahe Einzelintegration von Kindern mit Behinderungen in Regelkindergärten.

Eine Zusammenarbeit mit den regionalen AfIs ist immer dann notwendig, wenn Kinder einen besonderen Förderbedarf haben und deshalb besonderer Unterstützung bedürfen. Die MitarbeiterInnen der Arbeitsstellen verstehen sich als direkte KooperationspartnerInnen der Erzieherinnen. Hierbei werden die soziale Integration und die heilpädagogisch-therapeutische Förderung in einem umfassenden integrationspädagogischen Gesamtkonzept sichergestellt. Basis dieser integrationspädagogischen Arbeit sind folgende Grundsätze:

Wohnortnähe

Alle Kinder sollen die Möglichkeit haben, den Kindergarten ihres Wohnbezirks zu besuchen. Hierdurch soll auch über den Kindergarten hinaus die soziale Integration der Kinder und deren Eltern ermöglicht und unterstützt werden.

Ganzheitlichkeit

Jedes Kind soll in seiner Einzigartigkeit, Ganzheitlichkeit und seiner persönlichen Würde gesehen und akzeptiert werden. Dies ist nicht zu vereinbaren mit einer Definition oder Klassifikation des Kindes nach seinen Behinderungen.

Integrierte Therapien

Jedes Kind soll die pädagogische und therapeutische Hilfe, derer es bedarf, so weitgehend wie nur möglich im Alltag seiner Kindergruppe erhalten. Dazu ist eine Kooperation der Fachkräfte und sind Bemühungen um in den Alltag integrierte Therapien notwendig.

---

1   Ministerium für Frauen, Arbeit, Gesundheit und Soziales: Menschen mit Behinderungen im Saarland. 3. Bericht, Teil 1, 2000, S. 49

■ Freiwilligkeit

Am Prinzip der Freiwilligkeit ist sowohl für den Kindergarten als auch für die Eltern festzuhalten. Gleichzeitig müssen jedoch die Rahmenbedingungen geschaffen werden, die in jeder Region die pädagogische und soziale Einzelintegration ermöglichen.

■ Qualitätskriterien für die Arbeit der integrationspädagogischen Fachkräfte

- Sie entwickeln eine enge und direkte Zusammenarbeit sowohl mit den Eltern des behinderten Kindes wie auch mit den Erzieherinnen des Kindergartens im Einzugsbereich des Kindes. Sie übernehmen hierbei eine initiativ beratende und begleitende Funktion.
- Sie befördern die soziale Integration des Kindes im Kindergartenalltag wie auch im weiteren Umfeld des Kindes.
- Sie unterstützen in Kooperation mit Eltern und Erzieherinnen eine ganzheitliche Förderung des Kindes, die an den Fähigkeiten und Interessen des Kindes ansetzt.
- Sie suchen mit dem Team des Kindergartens nach Möglichkeiten, spezifische Fördermaßnahmen in den Alltag des Kindergartens zu integrieren.
- Sie gewährleisten die Zusammenarbeit mit weiteren therapeutischen Fachdiensten.
- Sie verantworten in Kooperation mit Eltern und Erzieherinnen die Erarbeitung individueller Bildungs- und Entwicklungspläne und beteiligen sich an der Dokumentation des Entwicklungsweges des Kindes
- Sie beraten und unterstützen Eltern, Erzieherinnen und Grundschullehrerinnen beim Übergang des Kindes vom Kindergarten in die Grundschule.

■ Qualitätskriterien für die Arbeit der Erzieherinnen in den Kindergärten

- Sie führen regelmäßige Entwicklungsgespräche mit der Integrationspädagogin, bei denen Wünsche und Ziele für die Förderung des betr. Kindes ausgetauscht und Ziele vereinbart werden.
- Sie teilen ihre systematischen Beobachtungen über die individuelle Entwicklung des Kindes mit den Integrationspädagoginnen und verabreden Konsequenzen für das pädagogische Handeln im Alltag des Kindergartens.
- Sie überlegen, wie aktuelle Themen und Projekte so gestaltet werden können, dass Kinder mit Behinderungen entsprechend ihrer Fähigkeiten teilhaben können.
- Sie reflektieren in regelmäßigen Gesprächen mit den Integrationspädagoginnen, wie die in den individuellen Bildungs- und Entwicklungspläne vereinbarten Ziele realisiert werden können.

Literatur

■ Allgemeine Grundlagen

Beller, Kuno E./Beller, Simone: Kuno Bellers Entwicklungstabelle. Berlin 2002, Bezug über: beller@zedat.fu-berlin.de
Bundesjugendkuratorium: Streitschrift Zukunftsfähigkeit. Berlin 2001, S. 17-18
Cramer, Martin: Flexible Arbeitszeiten. Arbeitszeitkonten und Jahresarbeitszeitmodelle in Kitas. In: Rieder-Aigner, H.: Zukunftshandbuch Kindertageseinrichtungen. Regensburg, Berlin 2000
Deutscher Bundestag: BT-Drucks. 11/5948: Aufgaben des Kindergartens. Zitiert nach: Fieseler GK-SGB VIII, § 22, S. 2 Rz. 1. Neuwied, Kriftel, Berlin 1998
Dittrich, Gisela/Dörfler, Mechthild/Schneider, Kornelia: Konflikte unter Kindern – ein Kinderspiel für Erwachsene? Weinheim 2002
Elschenbroich, Donata: Weltwissen der Siebenjährigen. Wie Kinder die Welt entdecken können. München 2001
Fieseler: GK-SGB VIII, § 22, S. 2 Rz. 9. Neuwied, Kriftel, Berlin 1998
Fthenakis, Wassilios E. (Hrsg.): Elementarpädagogik nach PISA. Freiburg 2002
Fthenakis, Wassilios E.; Oberhuemer, Pamela (Hrsg.): Frühpädagogik international. Bildungsqualität im Blickpunkt. Wiesbaden 2004
Gewerkschaft Erziehung und Wissenschaft (Hrsg.): Bildung sichtbar machen. Von der Dokumentation zum Bildungsbuch. Weimar, Berlin 2006
Griebel, Wolfgang/Niesel, Renate: Die Bewältigung des Übergangs vom Kindergarten in die Grundschule. In: Fthenakis, W. E. (Hrsg.): Elementarpädagogik nach PISA. Freiburg 2002
Haas, Sybille: Auf den Spuren kindlicher Verhaltensmuster. Weimar, Berlin 2006
Hermann, Gisela/Wunschel, Gerda: Erfahrungsraum KITA – Anregende Orte für Kinder, Eltern und Erzieherinnen. Weinheim 2002
Laevers, Ferre (Hrsg.): Die Leuvener Engagiertheits-Skala für Kinder. LES-K. Deutsche Fassung der Leuven Involvement Scale für Young Children.
Laewen, Hans-Joachim/Andres, Beate (Hrsg.): Bildung und Erziehung in früher Kindheit. Weinheim, Berlin, Basel 2002
Laewen, Hans-Joachim/Andres, Beate: Forscher, Künstler, Konstrukteure. Neuwied, Kriftel, Berlin 2002
Laewen, Hans-Joachim/Andres, Beate/Hedervari, Eva: Ein Modell für die Gestaltung der Eingewöhnungssituation von Kindern in Krippen. Weinheim, Basel 2006
Laewen, Hans-Joachim: Grenzsteine der Entwicklung als Grundlage eines Frühwarnsystems für Risikolagen in Kindertageseinrichtungen – Beobachtungsbögen. In: Ministerium für Bildung, Jugend und Sport des Landes Brandenburg (Hrsg): KitaDebatte 1/2003
Lill, Gerlinde: Einblick in Offene Arbeit. Weimar, Berlin 2006
Mayr, Toni/Ulich, Michaela: Kinder gezielt beobachten. Teil 1: Der Stellenwert von Beobachtungen im Alltag. In: Kita aktuell BY, 10/1998, S. 205-209; Teil 2: Was macht das Beobachten so schwer? In: Kita aktuell BY, 1/1999, S. 4-6
Ministerium für Bildung, Kultur und Wissenschaft Saarland (Hrsg.): Rahmenrichtlinien für die vorschulische Erziehung im Saarland. Saarbrücken, April 2003
Preissing, Christa (Hrsg.): Qualität im Situationsansatz. Qualitätskriterien und Materialien für die Qualitätsentwicklung in Kindertageseinrichtungen. Weinheim, Basel 2003
Prott, Roger: Chefsachen. Kleines Leitungs-ABC. Weimar, Berlin 2006

Prott, Roger/Hautumm, Annette: 12 Prinzipien für eine erfolgreiche Zusammenarbeit von Erzieherinnen und Eltern. Weimar, Berlin 2006
Strätz, Rainer/Demandewitz, Helga: Beobachten – Anregungen für Erzieherinnen im Kindergarten. Weinheim, Basel 2005
Mayr, Toni/Ulich, Michaela: SISMIK – Sprachverhalten und Interesse an Sprache bei Migrantenkindern in Kindertageseinrichtungen. Ein Instrument zur systematischen Beobachtung der Sprachentwicklung. Freiburg 2003
Mayr, Toni/Ulich, Michaela: KiTa spezial, Sonderausgabe 1/2003: Beobachtung in Kindertageseinrichtungen
Naumann, Sabine: Hier spielt sich das Leben ab. Wie Kinder im Spiel die Welt begreifen. Praxisreihe Situationsansatz. Ravensburg 1998
Pesch, Ludger: Grundlagen für einen normativen Rahmen für die Bildungsarbeit in Brandenburger Kindertagesstätten, 2002
Preissing, Christa/Prott, Roger: Platz- und Personalbedarf in Tageseinrichtungen für Kinder. Frankfurt/M. 1988
Schäfer, Gerd E. u.a.: Bildungsvereinbarung Nordrhein-Westfalen, 2002
Schäfer, Gerd E. (Hrsg.): Bildung beginnt mit der Geburt. Weinheim 2003
Singer, Wolfgang: Was kann ein Mensch wann ein lernen. Vortrag 2002
Tietze, Wolfgang/Viernickel, Susanne: Pädagogische Qualität für Kinder in Tageseineinrichtungen. Weinheim 2002
Zehnter Kinder- und Jugendbericht. Hrsg.: Bundesministerium für Familie, Senioren, Frauen und Jugend. Bonn 1998
Zimmer, Jürgen (Hrsg): Praxisreihe Situationsansatz. Weinheim 2000

■ Bildungspläne und -programme in den Bundesländern

Über die Internetadresse des Bildungsservers: www.bildungsserver.de sind alle Bildungspläne, -empfehlungen der Länder einsehbar:

Gemeinsamer Rahmen der Länder für die frühe Bildung in Kindertageseinrichtungen: Beschluss der Jugendministerkonferenz vom 13./14.05.2004, Beschluss der Kultusministerkonferenz vom 03./04.06.2004. www.bildungsserver.de
Freie Hansestadt Bremen; Der Senator für Arbeit, Frauen, Gesundheit, Jugend und Soziales: Rahmenplan für Bildung und Erziehung im Elementarbereich. Bremen 2005
Diess.: Bremer inidivduelle Lern- und Entwicklungsdokumentation. Bremen 2005
Freie und Hansestadt Hamburg/Behörde für Soziales und Familie (Hrsg.) & Internationale Akademie an der FU Berlin: Hamburger Bildungsempfehlungen für die Bildung und Erziehung von Kindern in Tageseinrichtungen. Hamburg 2005
Hessisches Sozialministerium/Hessisches Kultusministerium & Staatsinstitut für Frühpädagogik: Bildung von Anfang an. Bildungs- und Erziehungsplan für Kinder von 0 bis 10 Jahren in Hessen. Wiesbaden 2005
Landesregierung Nordrhein-Westfalen und Spitzenverbände der öffentlichen und freien Wohlfahrtspflege sowie die Kirchen in NRW: Bildungsvereinbarung NRW – Fundament stärken und erfolgreich starten. Düsseldorf, August 2003

Martin-Luther-Universität Halle Wittenberg und Zentrum für Sozialforschung, Halle & Ministerium für Soziales des Landes Sachsen-Anhalt: bildung:elementar – Bildung als Programm für Kindertageseinrichtungen in Sachsen-Anhalt, Halle 2004

Ministerium für Bildung, Frauen und Jugend: Bildungs- und Erziehungsempfehlungen für Kindertagesstätten in Rheinland-Pfalz, Beltz Verlag, Weinheim und Basel 2004

Ministerium für Bildung, Kultur und Wissenschaft des Saarlandes & Internationale Akademie INA gGmbH an der FU Berlin: Bildungsprogramm für saarländische Kindergärten. Verlag das netz, Weimar, Berlin 2006

Ministerium für Bildung, Wissenschaft, Forschung und Kultur des Landes Schleswig-Holstein: Erfolgreich starten. Leitlinien zum Bildungsauftrag von Kindertageseinrichtungen. Kiel 2004

Niedersächsisches Kultusministerium: Orientierungsplan für Bildung und Erziehung im Elementarbereich niedersächsischer Tageseinrichtungen für Kinder. Hannover 2005

Sächsisches Staatsministerium für Soziales & Universität Dresden: Der sächsische Bildungsplan – ein Leitfaden für pädagogische Fachkräfte in Kinderkrippen und Kindergärten. Verlag das netz, Weimar, Berlin 2006

Senatsverwaltung für Bildung, Jugend und Sport (Hrsg.) & Internationale Akademie INA gGmbH an der FU Berlin: Berliner Bildungsprogramm für die Bildung, Erziehung und Betreuung von Kindern in Tageseinrichtungen bis zu ihrem Schuleintritt. Verlag das netz, Weimar, Berlin 2004

Sozialministerium des Landes Baden-Württemberg: Orientierungsplan für Bildung und Erziehung in Tageseinrichtungen für Kinder in Baden-Württemberg. Stuttgart 2005

Sozialministerium des Landes Mecklenburg-Vorpommern & Universität Rostock: Rahmenplan für die zielgerichtete Vorbereitung von Kindern in Kindertageseinrichtungen auf die Schule. Schwerin 2004

Staatsministerium für Arbeit und Sozialordnung, Familie und Frauen & Staatsinstitut für Frühpädagogik: Der Bayrische Erziehungs- und Bildungsplan für Kinder in Tageseinrichtungen bis zur Einschulung. München 2005

Thüringer Ministerium für Soziales, Familie, und Gesundheit: Leitlinien frühkindlicher Bildung, Verlag das netz, Weimar, Berlin 2004

Praxisanregungen und weiterführende Literatur zu den Bildungsbereichen

Bildungsbereich 1: Körper, Bewegung und Gesundheit

Beek, Angelika: Bildungsräume für Kinder von Null bis Drei. Weimar, Berlin 2006

Beek, Buck, Rufenach: Kinderräume bilden. Neuwied 2001

Bundesarbeitsgemeinschaft der Freien Wohlfahrtspflege: Gesundheitserziehung im Elementarbereich. Bonn 1986

Bundeszentrale für gesundheitliche Aufklärung: Konzepte 3/Gesundheitsförderung im Kindergarten

Hengstenberg, Elfriede: Entfaltungen. Freiamt im Schwarzwald 2002

Herdtweck, Waltraud: Durch Bewegung zur Ruhe kommen. München 1998

Herm, Sabine: Psychomotorische Spiele für Kinder in Krippen und Kindergärten. Weinheim 2005

Hoenisch, Nancy/Niggemeyer, Elisabeth: Ich staune in mich selbst hinein. Weimar, Berlin 2007 (Infos über gleichnamige Wanderaustellung unter: www.verlagdasnetz.de, Rubrik Erfindergarten)

Pikler, Emmi: Laßt mir Zeit. Die selbständige Bewegungsentwicklung des Kindes bis zum freien Gehen. München 1997

Zimmer, Renate: Sinneswerkstatt – Projekte zum ganzheitlichen Leben und Lernen. Freiburg 1999

Zimmer, Renate: Handbuch der Sinneswahrnehmung. Freiburg 1999

TPS (Theorie und Praxis der Sozialpädagogik; Fachzeitschrift): Gesundheitsförderung. Bielefeld, 3/1993

■ Bildungsbereich 2: Soziale und kulturelle Umwelt, Werteerziehung und religiöse Bildung

Bundesministerium für Familie, Senioren, Frauen und Jugend (Hrsg.): Partizipation – ein Kinderspiel. Modelle gesellschaftlicher Beteiligung von Kindern und Jugendlichen. Ein Projekt des DJI. Augsburg 2002

Deutsches Jugendinstitut (Hrsg.): Multikulturelles Kinderleben. Projektinfos 1999 – 2001. München

Deutsches Jugendinstitut (Hrsg.): Was für Kinder. Aufwachsen in Deutschland. Ein Handbuch. München 1993

Focks, Petra: Starke Mädchen, starke Jungs. Leitfaden für eine geschlechtsbewusste Pädagogik. Freiburg 2002

Preissing, Christa/Prott, Roger: Aus anderer Sicht – Wie Kindergartenkinder ihren Stadtteil erleben. Berlin 1986

Preissing, Christa/Wagner, Petra (Hrsg.): Kleine Kinder – keine Vorurteile? Interkulturelle und vorurteilsbewusste Arbeit in Kindertageseinrichtungen. Freiburg 2003

Rolff, H.-G/Zimmermann, P.: Kindheit im Wandel. Eine Einführung in die Sozialisation im Kindesalter. Weinheim, Basel 1985

Schäfer, Gerd E.: Bildungsprozesse im Kindergarten. Bildungsprozesse im Kindesalter. Weinheim, München 1995

Strätz, Rainer: Die Kindergartengruppe. Soziales Verhalten drei- bis fünfjähriger Kinder. Köln 1992

Wagner, Petra/Hahn, Stefani/Enßlin, Ute (Hrsg.): Macker, Zicke, Trampeltier. Vorurteilsbewusste Bildung und Erziehung in Kindertageseinrichtungen. Weimar, Berlin 2006

Vierlinden, Martin: Mädchen und Jungen im Kindergarten. Schriftenreihe des SPI, Nordrhein-Westfalen. Köln 1995

Zinnecker, Jürgen/Silbereisen, Rainer K.: Kindheit in Deutschland. Aktueller Survey über die Kinder und ihre Eltern. Weinheim. München 1996

Bildungsbereich 3: Sprache und Schrift

Barth, Karlheinz: Früherkennung von Lese-Rechtschreibschwierigkeiten und Möglichkeiten der Prävention. Bedeutung vorschulischer Erfahrungen. In: KiTa aktuell MO, 1/2001, S. 11-13

Deutsches Jugendinstitut (Hrsg.): Wie Kinder multikulturellen Alltag erleben. Ergebnisse einer Kinderbefragung. DJI München, Projektheft 4/2000

Deutsches Jugendinstitut (Hrsg.): Treffpunkt deutsche Sprache. Sprachförderung von mehrsprachigen Kindern in Tageseinrichtungen. DJI München, Projektheft 5/2001

Jampert, Karin: Schlüsselsituation Sprache. Spracherwerb im Kindergarten unter besonderer Berücksichtigung des Spracherwerbs bei mehrsprachigen Kindern. Opladen 2002

Jampert, Karin/Leuckefeld/Kerstin, Zehnbauer, Anne/Best, Petra: Sprachliche Förderung in der Kita. Wie viel Sprache steckt in Musik, Bewegung, Naturwissenschaften und Medien? Weimar, Berlin 2006

Jean, Georges: Die Geschichte der Schrift. Reihe Abenteuer Geschichte. Bd. 18. Ravensburg 1991

Mayr, Toni/Ulich, Michaela: SISMIK – Sprachverhalten und Interesse an Sprache bei Migrantenkindern in Kindertageseinrichtungen. Ein Instrument zur systematischen Beobachtung der Sprachentwicklung

Militzer, Renate/Demandewitz, Helga/Fuchs, Ragnhild: Hallo, Hola, Ola – Sprachförderung in Kindertagesstätten. Hrsg.: Beauftragte der Bundesregierung für Ausländerfragen. Bonn 2000

Militzer, Renate/Demandewitz, Helga/Fuchs, Ragnhild: Wie Kinder sprechen lernen. Entwicklung und Förderung der Sprache im Elementarbereich. (Hrsg.): Ministerium für Frauen, Jugend, Familie und Gesundheit des Landes NRW. Düsseldorf 2001

Montanari, Elke: Mit zwei Sprachen groß werden. Mehrsprachige Erziehung in Familie, Kindergarten und Schule. München 2002

Neumann, Ursula/Popp, Ulrike: Spracherziehung in Migrantenfamilien. In: Deutsch Lernen 1/1993, 26-62

Ulich, Michaela/Oberhuemer, Pamela/Soltendieck, Monika: Die Welt trifft sich im Kindergarten. Interkulturelle Arbeit und Sprachförderung. Neuwied, Berlin 2001

Ulich, Michaela: Lust auf Sprache – Bildungschancen von Kindern aus Migrantenfamilien. Vortrag 2002

Video: »Ins Schreiben hinein« von Donata Elschenbroich (Hrsg): iaf e.V., Frankfurt/M. 2000

Bildungsbereiche 4 und 5: Bildnerisches Gestalten und Musik

Arzenbacher, Dagmar/ Springer, Catherine: Das Schneckenheft. Weimar, Berlin 2004
Arzenbacher, Dagmar/ Springer, Catherine: Das Apfelsinenheft. Weimar, Berlin 2004
Arzenbacher, Dagmar/ Springer, Catherine: Das Steineheft. Weimar, Berlin 2005
Arzenbacher, Dagmar: Das Augenheft. Weimar, Berlin 2005
Arzenbacher, Dagmar: Das Kohlheft. Weimar, Berlin 2006
Brügel, Eberhard: Wirklichkeiten in Bildern – Über Aneignungsformen von Kindern. Remscheid 1993

Dreier, Annette: Was tut der Wind, wenn er nicht weht? Begegnung mit der Kleinkindpädagogik in Reggio Emilia. Berlin 1993/1999

Elschenbroich, Donata: Weltwissen der Siebenjährigen. Wie Kinder die Welt entdecken können. München 2001

Grötzinger, Wolfgang: Kinder zeichnen kritzeln malen. Köln 1985

Jacoby, Ernst: Jenseits von »begabt« und »unbegabt«. Hamburg 1987

Mattenklott, Gundel: Grundschule der Künste. Vorschläge zur musisch-ästhetischen Erziehung. Hohengehren 1998

Reggio Children (Hrsg.): Alles hat einen Schatten außer den Ameisen. Neuwied, Berlin 2002

Reggio Children (Hrsg.): Consiglieria i bambini di 5-6 anni raccontano ai bambini di 3 anni la scuola dell' infanzia che li ospiterà. Reggio Emilia 2002

Reggio Children (Hrsg.): Hundert Sprachen hat das Kind – I cento linguaggi dei bambini. Neuwied, Berlin 2002

Reggio Children (Hrsg.): Schuh und Meter. Wie Kinder im Kindergarten lernen. Neuwied, Berlin 2002

Seitz, Rudolf: Die Bildsprache der Kinder. In: Hans Brügelmann (Hrsg.): Kinder lernen anders. Lengwil am Bodensee 1998

Zimmer, Renate: Handbuch der Sinneswahrnehmung, Grundlagen einer ganzheitlichen Erziehung. Freiburg i.Br. 1995

■ Bildungsbereich 6: Mathematische Grunderfahrungen

Jay Young: Abenteuer Kunst & Technik, München o. J.; ein dreidimensionales Entdeckungspaket durch Mathematik-Physik in Verbindung zur Kunst

Hoenisch, Nancy/Niggemeyer, Elisabeth: Mathe-Kings. Junge Kinder fassen Mathematik an. Weimar, Berlin 2004 (Infos über gleichnamige Wanderausstellung unter: www.verlagdasnetz.de, Rubrik Erfindergarten)

Kinder-Akademie Fulda: Zahlen-Sommer. Projektdokumentation 1999. Kinderakademie Fulda: Mehlerstraße 4, 36043 Fulda

Montessori-Material Teil 1. Verlag Nienhuis 1978

Reggio Children: Schuh und Meter – Wie Kinder im Kindergarten lernen. Weinheim 2002

Ron van der Meer + Bob Gardner: Das Mathematik – Paket, München o.J.

Hinweis auf das Internet: Unter www.Mathematik.de finden sich weitere Anregungen u.a. für Ausstellungen und Museen mit mathematischem Schwerpunkt.

■ Bildungsbereich 7: Naturwissenschaftliche und technische Grunderfahrungen

Bachmann, Rainer: Ökologische Außengestaltung in KinderGärten. Berlin 1994

Burtscher, Irmgart: Erd- und Himmelsforscher. Was Kinder wissen wollen. München 2003

DJI aktuell – Anregungen I – Zur pädagogischen Arbeit im Kindergarten, 1975

Elschenbroich, Donata: Weltwissen der Siebenjährigen. München 2001, S. 98 ff. – Prof. Dr. G. Lück – mit einem Plädoyer, Kinder im Vorschulalter an naturwissenschaftliche Phänomene heranzuführen

Kinder-Akademie Fulda: Projektdokumentationen von 2000 zu »Himmelskörper« und 2001 zu »Faszination Chemie«

Landa & Co: Wasser, Feuer, Luft und Erde – die Elemente erleben und begreifen. Freiburg 1997

Lück, Gisela: Handbuch der naturwissenschaftlichen Bildung – Theorie und Praxis für die Arbeit in Kindertageseinrichtungen. Freiburg 2003

Schäfer, Gerd (Hrsg.): Bildung beginnt mit der Geburt, Weinheim 2003, S. 181-191

Schwedes, H.: Mit allen Sinnen lernen: Geruch und Geschmack. In: Kremer, A./Stäudel, L.: Natur – Umwelt – Unterricht. Zwischen sinnlicher Erfahrung und gesellschaftlicher Bestimmtheit. Marburg 1993, S. 135-169

Wagner, Richard: Naturspielräume gestalten und erleben. Münster 1996

Walter, Gisela: Die Elemente im Kindergartenalltag – 4 Bände zu den Themen: Luft, Erde, Feuer, Wasser. Freiburg 1996/1997

Notizen

Notizen

Betrifft KINDER

www.betrifftkinder.de

Das Praxisjournal für ErzieherInnen, Eltern und GrundschullehrerInnen heute

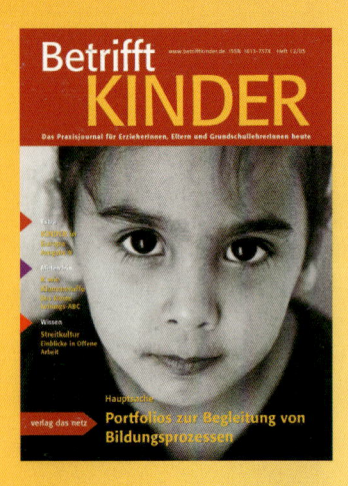

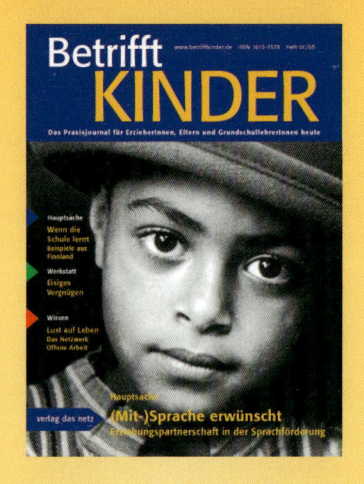

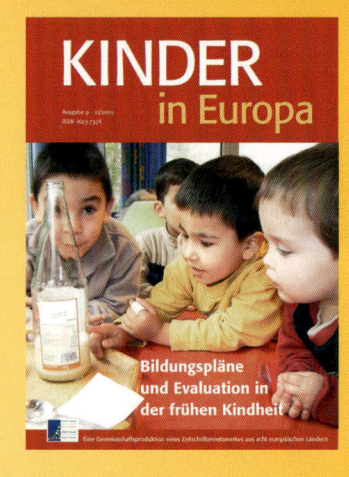

Klar, lebendig, unabhängig!

»Betrifft KINDER« ist das Praxisjournal für ErzieherInnen, Eltern, GrundschullehrerInnen, LeiterInnen von Kindergärten, Kindertagesstätten, Krippen, Grundschulen und Horten sowie die begleitende Fachszene – in Ausbildung und Praxis. Es stellt klar, lebendig und unterhaltsam spannende Ideen sowie Konzepte und Projekte in der Bildung, Erziehung und Betreuung von Kindern zwischen 0 und 12 Jahren vor. Das dichte Netzwerk von Kooperationspartnern lässt »Betrifft KINDER« zu einer kreativen Ideenschmiede für Autoren, LeserInnen, Erfinder, Gestalter und Redaktion werden, zu einem Entwicklungsmotor für innovative Pädagogik und offensive Politik. Inclusive 2 deutschsprachiger Ausgaben von »Children in Europe«, der internationalen Fachzeitschrift für ErzieherInnen und sozialpädagogische Fachkräfte.

8 Ausgaben + 4 Themenhefte + »Betrifft KINDER«-Kalender
Direkt-Jahresabo Euro 48,- zzgl. Versand
Abo für Azubis, Studenten und in der Elternzeit Euro 36,- zzgl. Versand
Kennenlern-Abo (3 Hefte) Euro 10,- zzgl. Versand

Anfragen und Bestellungen über den Buchhandel oder bei
verlag das netz Direktversand · Nummer 14 · 99441 Kiliansroda/Weimar
Tel. 036453.7140 · Fax 036453.71412
www.betrifftkinder.de · www.verlagdasnetz.de · service@verlagdasnetz.de

verlag das netz